课例研究这样做

以"2、5的倍数的特征"教学研究为例

上海教育出版社
SHANGHAI EDUCATIONAL
PUBLISHING HOUSE

图书在版编目（CIP）数据

课例研究这样做：以"2、5的倍数的特征"教学
研究为例 / 施娇娥著. — 上海：上海教育出版社，2024.
12. — ISBN 978-7-5720-3322-3

Ⅰ . G623.502

中国国家版本馆CIP数据核字第202510LV25号

责任编辑　王雅凤

封面设计　周　吉

Keli Yanjiu Zheyang Zuo——Yi "2，5 de Beishu de Tezheng" Jiaoxue Yanjiu Wei Li

课例研究这样做——以"2、5的倍数的特征"教学研究为例

施娇娥　著

出版发行	上海教育出版社有限公司
官　　网	www.seph.com.cn
地　　址	上海市闵行区号景路159弄C座
邮　　编	201101
印　　刷	上海颛辉印刷厂有限公司
开　　本	700×1000　1/16　印张 15
字　　数	226 千字
版　　次	2025年1月第1版
印　　次	2025年1月第1次印刷
书　　号	ISBN 978-7-5720-3322-3/G·2961
定　　价	59.80 元

如发现质量问题，读者可向本社调换　电话：021-64373213

序

　　很高兴读到施娇娥老师历时十年完成的这本《课例研究这样做——以"2、5 的倍数的特征"教学研究为例》的书稿。在很多人都在追求"快"的时候，施娇娥 老师秉持着十年磨一剑而非一年磨十剑的想法完成了这本个人专著，实属不易。

　　任何一名教师都需要不断提升自己的专业水平。如果问如何促进数学教师的 专业发展，可能有人会回答要"实践—认识—再实践—再认识"，说得很正确，但任 何一个领域内人员的专业发展都应该如此；也有可能会回答要"多读书，多交流"， 说得也很对，但这同样适用于所有领域人员的专业发展。笔者以为，通过数学课例 研究促进专业发展，这是具有数学教师职业特点的专业发展之路。数学教师要不断 培养自己的整体思维，以及结构化思考的能力，并通过一节一节课的教学来展现自 己的专业水平，而学生则能在这一节一节课的学习中获得成长。由此可见，施娇娥 老师以"2、5 的倍数的特征"这一课为例来探讨如何进行数学教学的课例研究，这 一做法抓住了数学教师专业发展的特点和关键，具有十分重要的意义。

　　众所周知，一个数是 2 的倍数的充要条件是这个数个位上的数字是 2 的倍 数。这是为什么呢？现行各版本小学数学教材都是用不完全归纳的方法得出这 个结论，但运用不完全归纳法得到的结论不一定是正确的。事实上，小学数学中 很多命题的证明都存在类似的情况。那么，于教师而言，就需要有能力从理论上 对其作出说明。对于小学数学教材中的数学知识，数学教师需要掌握与之相应的 "上一层次"的知识。

　　笔者所在的"一课研究"团队把"上位数学知识研究"作为研究数学课例的一 个重要视角，这是十分有必要的。一方面，要想成为一名优秀的数学教师，熟练 掌握小学阶段的所有数学知识是基础，更要具备初中、高中乃至大学的数学知识； 另一方面，现在有许多小学数学教师其实并非数学专业毕业。因此，把上位数学 知识作为数学课例研究的一个维度具有一定的现实意义。本书中，施娇娥老师对

2、5 的倍数特征的相关上位数学知识进行了很好的梳理,这对于提高数学教师的知识水平是十分有益的。

一般地,具备了相应的数学知识之后,首当其冲要关注的就是数学课程标准(教学大纲),这是因为课程标准(教学大纲)对学科的课程性质、课程目标、课程内容、评价等内容作出了明确的规定。因此,"一课研究"团队也把"课程标准(教学大纲)研究"作为研究数学课例的又一重要视角。也就是说,要做课例研究,就要研究课程标准(教学大纲)这一纲领性文件。本书中,施娇娥老师不仅对国内从1978 年《全日制十年制学校小学数学教学大纲(试行草案)》到 2022 年《义务教育数学课程标准(2022 年版)》中有关 2、5 的倍数特征的内容进行了系统梳理与研究,并将其与澳大利亚、法国、德国等国外课程标准(教学大纲)中的相关内容进行了比较。笔者以为,这些研究内容一定能让读者开阔视野,获得启示。

"教材比较研究"是"一课研究"团队研究数学课例的又一重要视角,具体可以从纵向与横向两个角度对教材进行比较研究。其中,纵向比较研究是对不同时期出版的教材进行比较,特别是对同一个出版社或同一个主编在不同时期编写的教材进行多角度比较,从历史的沿革中感悟一节课在不同时期的编写特点;横向比较研究是对同一时期出版的多种不同版本教材进行比较。本书中,施娇娥老师对 2、5 的倍数特征这一内容进行了多角度的教材比较研究,对于教师教学和教材编写都有很好的借鉴意义。

"学生实证研究"是本书列出的课例研究的重要维度之一。在这一维度下,施娇娥老师对如何进行前测作出了详细的阐述,从前测设计、前测实施、前测结果分析、前测的教学启示等方面,为大家开展对学生的起点研究提供了很好的范例。另外,施娇娥老师关于 2 的倍数特征的学生思维水平研究也很有特点,具体论述了什么是思维水平,以及如何划分思维水平层次,逻辑清晰。在思维水平层次的划分中,又给出了"经验判断与水平假设—问卷设计与意图分析—调查分析与修订假设—层次划分与统计归类"基本路径,为广大教师开展课例研究提供了可操作的研究程序。

本书中,施娇娥老师针对 2、5 的倍数特征这一内容,还特别展开了"教学设计研究""准备课与拓展课研究""说课研究""课堂观察研究""单元序列课设计研究",内容丰富,观点鲜明,每一个维度都可以作为教师专业研究的方向。可见,这些内容不仅能给一线教师的课堂教学带来有益启示,对于专题研究的开展也具有很好的借鉴意义。

以上是我读了施娇娥老师书稿后的一些体会,是为序。

朱乐平

2024 年 4 月于杭州

目　　录

第一章 绪 论

第一节 什么是课例研究

"课例研究"一词来源于日语"jugyokenkyu",其中"jugyo"表示"学课","kenkyu"表示"研究"。课例研究是日本小学教师为改进课堂教学而进行的关于课程与教学的研究,也被称为"授业研究",强调现场观摩,注重实践,重视学生的学习,其重要特点是重视主题引领以及教师的合作与反思。

该研究在世界各国产生了较为深远的影响,国外学者普遍认为,课例研究是通过教师集体对研究课进行设计、观察和反思的循环过程来促进教师专业发展的活动。美国曾一度效仿,但由于美国教师备课和授课相对独立,因此美国教师在选择和调整课程内容上要花费较多的时间。尽管如此,美国教师还是能从日本课例研究中收获一些有益做法并用于改进自己的教学。

我国内地教师的课堂教学研究与教研体系紧密联系。内地教师的教研制度历史悠久,其中最为常见的教研活动形式是磨课、听课、评课,大多以专家评课或教研组评议会的形式对课堂进行评析,并提出改进建议。然而,传统的教研活动往往"就课论课",缺乏明确的主题,与真正意义上的课例研究尚有一定距离。2002年,顾泠沅研究团队以课例为载体,提出并践行了"行动教育"模式,由课堂教学案例、教师合作平台和行动研究过程三个要素组成[1],对数学教学产生了深远影响。之后,杨玉东从动力源、目标、研究共同体、内容、过程性方法等五个方面总结了中式课例研究的根本特征,概括得到"关键性事件分析法",进一步提升了教

---

[1] 顾泠沅,王洁.教师在教育行动中成长——以课例为载体的教师教育模式研究 [J].全球教育展望,2003, 32 (1): 44-49.

师在课例研究方法论层面的反思能力[①]。安桂清团队积极推进 "以学习为中心" 的课例研究实践，将教学研究重心从 "以教师教学为中心" 转向 "以学生学习为中心"，研发了一套 "研课工具箱"（包括针对学生访谈、观察和测评的相关量表），在一定程度上推进了 "以学生学习为中心" 理念的落地[②]。以马飞龙（F. Marton）提出的变异学习理论为代表，香港地区的课堂学习研究起初就以学习理论为基础进行设计。变异学习理论表明，学习成效的差异源于对学习内容理解的差异，学生关注事物的不同特征，就会对同一事物产生不同的理解，教师应针对学习内容的关键特征设计各种变异教学。

大多数国内学者认为，课例研究表现为教师对如何改进课堂教学的研究，是教师为了改进教学，针对具体教学问题而进行的实践研究。它包含两个要点：一是以学科内容为载体，即以具体学科的某节课为研究对象；二是围绕某个教学热点问题或疑难问题展开改进研究，即要有聚焦问题的研究主题。课例研究具有四个明显特点：一是基于专题，立足于确定的由专题统领的研究活动；二是持续研究，紧扣教学中的问题展开跟踪研究，后续研究将对已有结论和观点作出进一步完善和发展；三是见证效果，围绕问题解决达到改进实践的效果；四是形成成果，也就是梳理研究过程，提炼结论与观点，最后形成研究报告。因此，课例来源于实践又高于实践，不同于一些以理论建构为目的的研究，小学数学课例研究强调如何在数学教育教学实践中应用理论，以及如何对教学实践进行理性概括和提炼。

笔者简单梳理了课例研究的历史脉络，发现不同国家和地区的研究重点虽存在差异，却有一致共识，即：重视教师的教学行为和反思能力，重视主题引领，主张理论指导，关注教师行动的改进，等等。回顾并总结经验，为我们深入开展课例研究打开了广阔视野。然而，课例研究的深入与创新改革仍面临诸多挑战。第一，课例研究缺少顶层设计和操作范式，教师一般开展课例研究的目的是完成一

① 杨玉东. 从国际比较看中式课例研究的特征与未来趋势 [J]. 教育发展研究，2019，39（18）：39-43.
② 安桂清. 以学习为中心的课例研究模式的构建与实践 [J]. 全球教育展望，2019，48（10）：96-106.

节公开课或一次区域赛课,研究更多落在教学设计与课堂实践上,而在理念上缺少目标意识,在方法上缺少文献学、历史学、课程学、教材学、教学设计学等系统性视角,在操作上缺少科学的课例研究工具支持。第二,课例研究更多基于经验,缺少理论指导与循证研究,其研究成果更多以"教学设计"或"教学案例"的形式呈现,影响面较小,只能覆盖具体的一节课,无法实现由一节课的研究真正促进教师专业水平的整体提升。第三,课例研究缺少时间保障和专家指导。系统深入地研究课例,不仅需要长时间投入,还需要真正懂得课例研究的专家进行指导,以保证课例研究的质量。

本书从文献学、历史学、课程学、教材学等多角度展开课例研究,力求解决上述三个问题,从顶层上设计课例研究框架,并细化框架维度,提炼操作范式,生动呈现一个具体的课例研究历程,以期让教师掌握课例研究的一般方法。

第二节 课例研究如何做

2012 年 9 月,笔者调职进入杭州市崇文实验学校工作,并有幸成为朱乐平特级教师工作室的一员。在朱老师的指导下,笔者逐步学会了如何进行一道题的研究、一节课的研究、教材比较研究、教学设计综述、学情调查与分析、同课异构研究等,对课例研究的价值、方法、框架以及维度也更加清晰明了了。

朱老师鼓励工作室成员从数与代数领域选择一节课作为自己的研究对象。通过随机抽签,笔者抽中了"2、5 的倍数的特征"这节课,从此与它结缘。原本想,一节课的研究最多两年时间就能完成,而实际上研究进行了十年。这十年,经历了迷茫,收获了坚持与努力,积累了课例研究的方法和思维方式。在此,真心感谢导师朱乐平先生,是他的学术引领和人格魅力让笔者一路坚持了下来。

撰写本书的目的就是想从课例研究亲历者的视角,阐述一线教师在研究一节课时的所思所想,以期为大家提供一个具体课例的研究样例。本书采用朱乐平老师"一课研究"的框架和理论,从不同维度对"2、5 的倍数的特征"一课展开系列研究,具体包括上位数学知识研究、课程标准(教学大纲)研究、教材比较研究、学生实证研究、教学设计研究、准备课与拓展课研究、说课研究、课堂观察研究、单元序列课设计研究等九个维度，具体如图 1-1 所示。

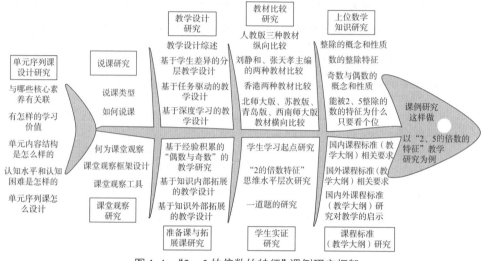

图 1-1 "2、5 的倍数的特征"课例研究框架

一、上位数学知识研究

作为教师，要想给学生"一碗水"，自己首先得有"一桶水"。道理显而易见，但"这桶水"如何才能得到，得看个人修炼。于数学教师而言，要想上好一节课，就应该比学生拥有更多关于这节课的数学知识，即"上位数学知识"。"2、5 的倍数的特征"一课的上位数学知识包括整除概念、整除的基本性质、整除的特征等内容，本书第二章对这些内容作了具体梳理。然而，仅梳理上位数学知识是远远不够的，还要结合教学实践，从而才能从中获得一些有益的教学启示。也就是说，要把围绕这一节课的上位数学知识与数学教学紧密结合。例如，通过研究上位数学知识，使一线教师能更清楚地认识 2、5 的倍数特征的本质属性，帮助教师解决在教学时为什么引导学生从个位开始研究的原理性问题，并给出如何利用特征展开教学的操作策略，从而进一步指导小学数学课堂教学。

可见，数学知识维度的价值在于丰富教师的本体性知识，让教师在高观点下理解课例研究中所涉及的数学知识，形成完整的数学知识网络。

二、课程标准（教学大纲）研究

对一节课的研究应从纲领性文件入手，明确本课目标定位。课程标准（教学大纲）维度让研究者能更加清楚课例研究所涉及的内容、目标、教学要求和学业评价。笔者查阅了 20 世纪初至今这一百多年来国内外相关数学课程标准（教学大纲），从标准变更的视角来审视这节课的目标定位，并在第三章作具体介绍，包括："2、5 的倍数的特征"[①] 教学内容从什么时候开始被列为小学生的必学内容？在各版课程标准（教学大纲）中，此教学内容在目标或要求上有什么变化？笔者着重比较了《全日制义务教育数学课程标准（实验稿）》（以下简称《课标实验稿》）、《义务教育数学课程标准（2011 年版）》（以下简称《课标 2011 年版》）和《义务教育数学课程标准（2022 年版）》（以下简称《课标 2022 年版》）中的相关教学要求，并结合澳大利亚、法国、德国、英国、俄罗斯等五国的课程标准（教学大纲）进行比较研究。

三、教材比较研究

教材比较是课例研究的重要环节。教材是帮助教师教学及学生学习的重要课程资源，为教师教学提供了基本路径，深度解读教材、研究教材是教师的基本功之一。本书从多个角度对"2、5 的倍数的特征"一课的教材内容进行了纵向与横向的比较研究。纵向比较研究是对不同时期出版的教材进行比较，特别是对同一个出版社或同一个主编在不同时期编写的教材展开多角度比较。本书主要选择了人民教育出版社分别在 1980 年、2006 年和 2022 年出版的小学数学教材进行纵向比较研究，从历史的沿革中感悟这节课在不同时期教材中的编写特点。横向比较研究是对同一时期出版的不同版本教材展开比较，本书选取了北师大版、苏教版、青岛版、西南师大版四种教材进行比较，试图发现内地编写者对"2、5 的倍数的特征"一课的编写特点。本书还特别比较了香港地区两种不同时期的教材，

---

① 作者注：我国 2001 年颁布的《全日制义务教育数学课程标准（实验稿）》中，第一次把"能被 2、5 整除的数的特征"改为"2、5 的倍数的特征"，这两种表述在本书中都会提到。

试图发现不同区域的教材编写特征。

教材比较研究的最终目的是为一线教师打开研究思路，开阔视野，帮助一线教师找到更有价值的课程资源。

四、学生实证研究

学生实证研究是课例研究的重要组成部分。

其一，学生实证研究可以让教师更准确地把握学生学习数学的认知规律。本书结合"2、5 的倍数的特征"这一课例，使教师明晰学生在数的特征学习中遵循怎样的学习路径，以及在学习路径中会遇到哪些问题，或者说学生的认知发展会遇到哪些转折点，从而帮助教师看清学生的认知发展路径，为教学设计提供依据。

其二，学生实证研究可以让教师更深入地解读不同学生的数学思维方式和水平，使教学更具针对性。本书第五章以"2 的倍数特征"思维水平层次分析为例，从经验判断与水平假设、问卷设计与意图分析、调查分析与修订假设、层次划分与统计归类四个方面，详细介绍了学生思维水平的分析步骤和过程。

其三，学生实证研究可以让教师更好地帮助学生解决学习过程中遇到的困难。教师不仅要读懂学生的认知困难，还要对这些困难作理性分析，从而选择有效的学习素材，帮助学生克服认知困难。本书第五章通过对一道题的测查研究，让教师了解学生在学习了 2、5 的倍数特征之后，如何应用此特征去解决问题，以及在解决问题的过程中会遇到哪些困难，以此探讨学生解决问题的策略。同时，第五章还具体介绍了如何针对一道题进行数据采集、分析并作出相应的教学策略改进，具有很强的实操性。

五、教学设计研究

教学设计研究是课例研究的核心环节，该维度主要包括以下两个方面。

1. 教学设计研究综述

笔者对"2、5 的倍数的特征"这节课已有的相关教学设计进行整理与归类，明确具体研究成果。以课程标准的颁布时间为分界点，将"2、5 的倍数的特征"

一课的教学设计分成三部分：第一部分是 2001 年以前的教学设计，第二部分是 2001 年到 2011 年之间的教学设计，第三部分是 2011 年至今的教学设计。这些教学设计在一定程度上反映出教学理念与教学方法的历史演变足迹。

笔者主要从教学目标、教学过程、练习设计三个方面对"2、5 的倍数的特征"一课的教学设计进行综述，下面简要概述教学目标与教学过程两方面的研究结果。

教学目标是一堂课的方向标，因此对目标的综述尤为重要。笔者从历史的视角来看这节课教学目标的演变，从中归纳出人们在不同时期所追求的教学价值。分析发现，20 世纪 90 年代的教学目标注重知识和技能的掌握，符合当时强调"双基"落实的大纲要求；2001 年课改后的教学目标重视数学活动过程，以及对学生推理、表达等数学关键能力的培养，并强调知识与技能、过程与方法、情感态度与价值观等三个维度的教学目标；《课标 2011 年版》和《课标 2022 年版》中的教学目标注重基本活动经验的积累和数学思想方法的感悟，凸显学法指导，发展学习能力。

教学过程方面，笔者从四个方面对"2、5 的倍数的特征"这节课的教学过程进行阐述。《课标实验稿》颁布之前，注重"双基"落实，设计层层递进。教学设计注重知识间的内在联系，重视归纳概括的过程。《课标实验稿》颁布之后，转变学习方式，凸显自主探索。由于这一阶段的课程标准倡导自主探索、合作交流、猜想验证等学习方式，因此当时"2、5 的倍数的特征"一课的教学设计和实施明显体现出建构学习的理念。《课标 2011 年版》颁布之后，重视经验积累，迁移研究方法，教学设计与实施注重学生基本活动经验的积累和基本思想方法的渗透。《课标 2022 年版》颁布之后，回归数学原点，追溯知识本源。这一阶段的课程标准提出发展学生的核心素养，其中会用数学的思维思考现实世界，培养学生的推理意识成为数学学科核心素养之一，因此"2、5 的倍数的特征"一课的教学设计开始关注"数学知识是什么？怎么样？为什么"等问题，特别是在第三个问题上着力创新。

2. 同课异构研究

本书从同课异构的含义与价值出发，从教学的不同角度探寻"2、5 的倍数的特征"一课的教学目标、教学途径和教学价值，主要包括以下三个方面。

其一，基于学生差异的分层教学设计研究。依据差异教学理论，基于课前调查将学生的思维水平进行划分，据此设计出适合不同思维水平学生学习的"个性化学习卡"，并进行分层教学，从而真正做到因材施教，让不同的学生都有不同的发展。

其二，基于任务驱动的教学设计研究。任务驱动是一种以建构主义教学理论为基础的教学法，强调让学生在真实的教学情境中带着任务学习，以探索问题的解决方法，在完成任务的同时提高认知水平和问题解决能力。本书第六章介绍了如何从合作与交流的探究性任务和从自学与提问的思辨性任务这两个角度设计教学。

其三，基于深度学习的教学设计研究。深度学习是指在教师的引领下，学生围绕具有挑战性的学习主题全身心参与、体验成功、获得发展的有意义的学习过程。深度学习理念下的教学设计需要把握三个原则：一是要精心设计问题情境和学习任务；二是要在挑战性问题的引领下引发学生的认知冲突，创设让学生深度探究的学习活动；三是要关注对学生的即时评价与持续性评价。就如何引领学生深度学习 2、5 的倍数特征，本书主要从突出研究方法指导和突出算理理解两方面展开论述。

六、准备课与拓展课研究

准备课与拓展课研究是课例研究的补充与延伸环节，不是必选环节。通过对这一维度的研究，可以提升教师的课程开发能力，形成课程系统意识。

准备课是指在学习新知之前，可以为学生提供哪些知识铺垫及数学学习活动经验。关于 2、5 的倍数特征这一内容，其准备课可以是从"单数和双数的认识"到"奇数和偶数的认识"，还可以是从"倍的认识"到"倍数和因数的初步认识"，等等。本书从经验积累的角度介绍了"偶数与奇数"的教学设计，以为后续"2、5 的倍数的特征"教学积累生活经验和基本数学活动经验，同时为读者打开教学设计的另一扇窗。

拓展课通常分为两类：一类趋向知识内部的拓展，一般是为了加深对该知识的本质理解，丰富其所蕴含的思想方法。例如，从"判断一个数是不是 2、5 的倍数，为什么只看个位"到"判断一个数是不是 3 的倍数，为什么要看各位上的数之和"这一原理性问题的认识，就属于知识内部的拓展。另一类趋向知识外部的拓展，一般是与该知识在内容或结构上相似的内容。例如，从"2、5 的倍数的特征"延伸到"4 和 25、8 和 125 的倍数的特征""7、11 的倍数的特征""奇偶数性质的应用"等内容。

七、说课研究

说课是在备课的基础上，针对某一内容，对教材、学生、教学方法及教学设计进行系统阐述的过程。教师不仅要分析教材、学情，设计教学环节及具体的实施策略，还要阐述其背后的理论依据。因此，说课是一项较为复杂的研修活动，是一线教师应该具备的基本功。

本书第八章结合"能被 2、5 整除的数"一课，围绕怎样说教材、怎样说学情、怎样说教学目标与重难点、怎样说教学过程与设计意图、怎样说设计理念与特色等五个维度分板块阐述如何进行说课，以期为教师提供参考。

八、课堂观察研究

课堂观察指通过一系列观察手段对课堂进行针对性记录，并对观察结果进行科学分析和研究的一项专业活动，以提升学生课堂学习的效果，促进教师的专业发展。课堂观察研究需要教师具备较好的统计调查能力、数据分析能力及教学诊断评价能力，具体包括设计课堂观察量表，收集、甄别、整理并分析数据，提出具体的诊断建议等过程。课堂观察研究用数据"说话"，能帮助教师"跳出"经验主义，用更加理性的眼光审视自己的教学行为，同时能更加科学地诊断学生的学习情况和学习质量。

课例研究是否深入源于课堂观察，可以说，课堂观察是检验课例质量的核心环节。本书第九章重点介绍课堂观察的框架设计及各种观察量表的设计，并借助信息技术进行数据分析。

课堂观察的框架设计方面，针对各观察维度，笔者从观察指标、观察点及观察点的呈现形式等方面进行立体架构，形成课堂观察框架表的基本样式。其中，观察维度包括学生学习、教师教学、课程性质、课堂文化。

学生学习维度主要关注 "怎么学或学得怎样"。以 "学生如何突破难点" 这一观察点为例,设计了对应的学生表现量表,包括学生的课堂倾听、互动情况(回答/提问/讨论/汇报)、自主学习(计算/书写),并对结果进行数据分析,以了解学生在课堂学习中是通过怎样的方式来突破学习难点的。

教师教学维度主要关注 "怎么教",借助信息技术,主要从课堂教学行为时间分配、教师提问的有效性、教师提问情况等方面,对提问类型、师生回应方式、师生对话深度进行数据分析,以此来评价教师教学行为的适切度。

课程性质维度主要关注 "教和学的内容"。以 "情境创设的有效性" 这一观察点为例,设计了便于观察、记录与迁移的情境创设有效性量表,并从创设的情境是否能引起并保持学生的学习兴趣,学生是否能充分利用情境达成学习目标,以及情境创设与学习目标的适切程度等三个方面进行分析,进而提出教学建议。

课堂文化维度关注课堂的整体情况,具有整体性。以 "学生的思考习惯" 这一观察点为例,设计了学生在课堂中的思考习惯观察量表,重点围绕学生的课前准备习惯和学生在课堂中的思考习惯两个方面进行观测,分析学生思考的参与度和深度,以了解学生的思维习惯。

九、单元序列课设计研究

《义务教育课程方案(2022 年版)》和《课标 2022 年版》都提出了 "整体把握教学内容",要求进行 "单元整体教学"。课例研究也应如此,即从一节课的研究延续到单元序列课的研究,从点到线,使课例研究更具系统性、整体性。只有教师有结构地教,学生才能有结构地学。研究单元序列课设计,能提升教师对教学内容的结构化认识,有利于在教学中更好地落实核心素养。

本书这十章聚焦 "数的整除" 单元展开单元序列课设计,重点思考三个核心问题: "数的整除" 单元包含哪些核心素养以及具有怎样的学习价值? "数的整除" 单元的整体结构是怎么样的?学生对 "数的整除" 单元的认知水平和认知困难是怎么样的?在明晰上述问题的基础上,总结得出单元序列课设计的相关原则,包括遵循目标导向、结构清晰、坚持儿童立场及具有单元整体性。进而，根据"数的整除"单元内容的逻辑结构，把本单元序列课分为五种课型，分别是单元起始课、特征探索课、概念深化课、解决问题课和自主整理课，同时梳理各种课型与单元内容、重点培育的核心素养、要达成的学习目标之间的逻辑关系。最后，从整体视角设计"数的整除"单元典型课例，为一线教师开展单元序列课设计提供参考。

当然，课例研究不局限于以上九个维度，还可以开展校本教研设计研究、作业设计研究等，教师可以根据自己的需求选择不同的角度开展研究。

第二章　上位数学知识研究

上位数学知识指教师所具有的学科知识与当下教学知识之间是上下位关系，既包含当下教学知识的源头，也包含其后续发展[①]。具备一定的上位数学知识，是每一位数学教师的必备素养，有利于教师在教学中把握教学内容的数学本质，设计有利于发展学生关键能力与思维品格的教学活动，使课堂教学更有效。

2、5 的倍数特征属数论领域，它与整除概念、整除的基本性质、整除的特征等内容之间有着紧密联系。那么，"2、5 的倍数的特征"一课所涉及的上位数学知识究竟有哪些？对此，本章将作出系统梳理，并给出其对小学数学教学的启示。

第一节　上位数学知识及其解读

"2、5 的倍数的特征"一课的上位数学知识围绕"整除"展开，包括因数、倍数、偶数、奇数等内容。由于大部分教材将负数的学习置于这些内容之后，此时只涉及自然数，因此本章所有结论均可看作只对自然数成立。

一、怎样定义整除的概念

思考 小学数学中有关整除的概念有很多，彼此联系紧密，且部分概念易混淆。你觉得哪些概念容易混淆？整除的概念又是怎样定义的？

定义 1[②] 对于整数 a 和正整数 b，如果存在一个整数 q，使得等式 $a = bq$ 成

---

① 任敏龙. 圆的周长教学研究 [M]. 北京: 教育科学出版社, 2014.

② 人民教育出版社小学数学室. 中等师范学校数学教科书（试用本）小学数学教材教法·第一册 [M]. 北京: 人民教育出版社, 2001.

立,我们就说 b 整除 a 或 a 被 b 整除,记作 $b \mid a$。此时, a 叫作 b 的倍数, b 叫作 a 的约数(也叫作 a 的因数)。例如, $15 = 3 \times 5$,则 $3 \mid 15$,15 叫作 3 的倍数,3 叫作 15 的约数。

定义 2[①] 对于整数 a 和整数 b,如果存在一个整数 k,使得 $a = b \times k$,那么就说 a 能被 b 整除,或者说 b 能整除 a,记作 $b \mid a$。它的含义是 a 恰好能被 b 除尽,且商是整数。

定义 3[②] 如果整数 a 能被自然数 b 整除,商为 k,那么称 a 是 b 的倍数,也称为 b 的 k 倍, b 叫作 a 的因数(也叫作 a 的约数)。

以上三种定义中都含有"整除""因数(约数)""倍数",它们之间有着什么样的关系呢?

从数学的角度看,起始概念之一是整除。一般地,对于任何整数 a、b,如果存在整数 n、r,使得 $a = nb + r$(其中 $r < b$),那么当 $r = 0$ 时,我们就说:①a 能被 b 整除;②b 能整除 a;③a 是 b 的倍数;④b 是 a 的因数。可见,整除与倍数、因数是基于同一数学事实的两种不同说法。在数学家陈景润所著的《初等数论 I》一书中,上面四种说法均被包括在定义 1 中[③]。

曹培英先生认为,从便于学生学习的角度考虑,为了分散难点,将三个概念分两次出现的做法是可取的,但没有必要在这三个概念之间人为地赋予概念间的递进发展关系。实践表明,把因数与倍数解释为整除的另一种说法,不仅简化了学生的知识结构,减轻了记忆负担,还有助于学生理解概念的本质并正确使用术语[④]。

二、如何理解整除的定义

我们可以从以下两方面展开思考,具体理解整除的定义。

---

① 人民教育出版社小学数学室. 中等师范学校数学教科书(试用本)小学数学教材教法·第一册 [M]. 北京: 人民教育出版社,2001.

② 同①.

③ 陈景润. 初等数论 I[M]. 北京: 科学出版社,1978.

④ 曹培英. 小学数学教学改革探析——在规矩方圆中求索 [M]. 北京: 人民教育出版社,2004.

1. 整除与除尽之间的关系

整除要求被除数、除数、商均是整数，且余数为 0。除尽要求商是整数（此时余数为 0）或有限小数，而对被除数、除数不作要求。可见，整除是除尽的一种特殊情况。例如：

$$18 \div 4 = 4.5 \qquad ①$$

$$18 \div 3 = 6 \qquad ②$$

① 式和 ② 式都是除尽，但只有 ② 式是整除，因为 ① 式中的商不是整数。这就是说，除尽的范围可以推广到有理数甚至实数，而整除只能在整数范围内进行。又如，$18 \div 1.8 = 10$，虽然商是整数且余数为 0，但我们仍不能说 18 能被 1.8 整除。

2. 整除中特殊的两个数——0 和 1

0 与 1 是两个特殊的数。因为 0 可以被任何正整数整除，所以从这个意义上说，0 是任何正整数的倍数，任何正整数都是 0 的约数。因为任何整数都能被 1 整除，所以任何整数都是 1 的倍数，1 是任何整数的约数。

三、整除的相关定理

思考 与整除有关的定理有哪些？这些定理你会证明吗？

1. 与和、差有关

定理 1[①] 如果两个整数都能被同一个正整数整除，那么这两个整数的和（或差）也能被这个正整数整除。即：如果 $b \mid a_1$，$b \mid a_2$，那么 $b \mid (a_1 \pm a_2)$。（其中 $a_1 > a_2$）

证明：因为 $b \mid a_1$，$b \mid a_2$，

　　　　所以必存在整数 q_1、q_2，使得 $a_1 = bq_1$，$a_2 = bq_2$。

① 人民教育出版社小学数学室 . 小学教师之友系列·基础数学 [M]. 北京：人民教育出版社，2013.

因此，$a_1 + a_2 = bq_1 + bq_2 = b(q_1 + q_2)$。

又因为 $q_1 + q_2$ 是整数，

所以 $b \mid (a_1 + a_2)$。

同理，也可证明 $b \mid (a_1 - a_2)$。

换个角度描述定理 1，也就是说，如果两个整数都是同一个正整数的倍数，那么这两个整数的和（或差）也是这个正整数的倍数。

这个定理还可以进一步推广吗？如果三个整数都能被同一个正整数整除，那么这三个整数的和也能被这个正整数整除吗？四个呢？五个呢？任意个呢？即：命题"如果 $b \mid a_1$，$b \mid a_2$，$\cdots$，$b \mid a_n$，那么 $b \mid (a_1 + a_2 + \cdots + a_n)$"是否成立？

我们可以证明上述命题是成立的。

证明：因为 $b \mid a_1$，$b \mid a_2$，$\cdots$，$b \mid a_n$，

所以必存在整数 q_1、q_2、$\cdots$、q_n，使得 $a_1 = bq_1$，$a_2 = bq_2$，$\cdots$，$a_n = bq_n$。

因此，$a_1 + a_2 + \cdots + a_n = bq_1 + bq_2 + \cdots + bq_n = b(q_1 + q_2 + \cdots + q_n)$。

又因为 $q_1 + q_2 + \cdots + q_n$ 是整数，

所以 $b \mid (a_1 + a_2 + \cdots + a_n)$。

实际上，这是定理 1 的一个推论，即从一个或者一些已知的命题得出新命题的思维过程或思维形式。虽然小学阶段一般较少涉及一个定理的推论，但作为教师，我们应该要清楚。

定理 2 [①] 如果两个整数中的一个整数能被一个正整数整除，那么这两个整数的和（或差）能被这个正整数整除的充要条件是另一个整数也能被这个正整数整除。即：如果 a、b（$a > b$）是两个整数，且 $c \mid a$，那么 $c \mid (a \pm b)$ 的充要条件是 $c \mid b$。

① 人民教育出版社小学数学室 . 小学教师之友系列·基础数学 [M]. 北京：人民教育出版社，2013.

证明：先证明充分性。

因为 $c \mid a$，且 $c \mid b$，

所以，由定理 1，可得 $c \mid (a \pm b)$。

再证明必要性。

因为 $c \mid a$，且 $c \mid (a \pm b)$，

所以，由定理 1，可得 $c \mid (a + b - a)$ 或 $c \mid [a - (a - b)]$，

即 $c \mid b$。

2. 与积有关

定理 3（整除的传递性）[①] 如果一个正整数 a 能整除正整数 b，b 又能整除整数 c，那么 a 也能整除 c。即：如果 $a \mid b$，$b \mid c$，那么 $a \mid c$。

证明：因为 $a \mid b$，$b \mid c$，

所以存在整数 m、n，使得 $b = am$，$c = bn$。

因此，$c = bn = (am)n = a(mn)$。

又因为 mn 是整数，

所以 $a \mid c$。

换个角度描述定理 3，也就是说，如果一个正整数 b 是另一个正整数 a 的倍数，那么正整数 b 的倍数 c 也是正整数 a 的倍数。

定理 4[②] 若干个整数相乘，如果其中一个整数能被某一个正整数整除，那么这几个整数相乘所得的积也能被这个正整数整除。即：如果 $b \mid a_1$，那么 $b \mid a_1 \cdot a_2 \cdot \cdots \cdot a_n$。

如果您有兴趣，可以试着证明这个定理。

---

① 人民教育出版社小学数学室 . 小学教师之友系列·基础数学 [M]. 北京：人民教育出版社，2013.
② 同①.

3. 与有余数除法有关

定理 5[①] 在有余数除法里，如果被除数与除数能被同一个正整数整除，那么它们的余数也能被这个正整数整除。即：对于 $a \div b = q \cdots\cdots r$（$a$、$b$、$q$、$r$ 均为整数），如果 $c \mid a$ 且 $c \mid b$，那么 $c \mid r$。

证明：因为 $a \div b = q \cdots\cdots r$（$a$、$b$、$q$、$r$ 均为整数），

所以 $a = bq + r$。

因为 $c \mid b$，

所以，由定理 4，可得 $c \mid bq$。

又因为 $c \mid a$，即 $c \mid (bq + r)$，

所以，由定理 1，可得 $c \mid r$。

换个角度描述定理 5，也就是说，在有余数除法里，如果被除数与除数是同一个正整数的倍数，那么它们的余数也是这个正整数的倍数。例如，$94 \div 12 = 7 \cdots\cdots 10$，因为 $2 \mid 94$ 且 $2 \mid 12$，所以 $2 \mid 10$。

定理 6[②] 在有余数除法里，如果除数与余数能被同一个正整数整除，那么它们的被除数也能被这个正整数整除。即：对于 $a \div b = q \cdots\cdots r$（$a$、$b$、$q$、$r$ 均为整数），如果 $c \mid b$ 且 $c \mid r$，那么 $c \mid a$。

换个角度描述定理 6，也就是说，在有余数除法里，如果除数与余数是同一个正整数的倍数，那么它们的被除数也是这个正整数的倍数。

四、数的整除特征

1. 能被 2 或 5 整除的数的特征

能被 2 或 5 整除的数的特征是，这个数个位上的数能被 2 或 5 整除。可以这

---

① 人民教育出版社小学数学室 . 小学教师之友系列·基础数学 [M]. 北京：人民教育出版社，2013.
② 同①.

样证明：

设一个 n 位整数 N，从个位起，各个数位上的数字分别为 a_0、a_1、$\cdots$、a_n，那么
$N = a_n \cdot 10^n + \cdots + a_1 \cdot 10 + a_0 = 10\,(a_n \cdot 10^{n-1} + \cdots + a_1) + a_0$，
其中，$10\,(a_n \cdot 10^{n-1} + \cdots + a_1)$ 能被 2 整除，又能被 5 整除。

由定理 2 可知，如果 a_0 即 N 个位上的数能被 2 或 5 整除，那么 N 就能被 2 或 5 整除。

那么，为什么判断一个数是否能被 2 或 5 整除只需要看这个数个位上的数？下面，以被 2 整除为例，试作说明。

先来看一位数：因为 $0 = 2 \times 0, 2 = 2 \times 1, 4 = 2 \times 2, 6 = 2 \times 3, 8 = 2 \times 4$，即它们都可以写成 2 乘一个整数的形式，也就是说，这些数都是 2 的倍数。因此，一位数 0、2、4、6、8 能被 2 整除。

再来看多位数：由于所有整十数、整百数、整千数等都是 2 的倍数，因此判断一个多位数能否被 2 整除，只要看它个位上的数能否被 2 整除。例如，一个三位数 358，因为 300、50 及个位上的 8 都能被 2 整除，那么由定理 1 可知，$300 + 50 + 8$ 的和也能被 2 整除。

2. 能被 4 或 25 整除的数的特征

能被 4 或 25 整除的数的特征是，这个数的末两位数能被 4 或 25 整除。可以这样证明：

设一个 n 位整数 N，从个位起，各个数位上的数字分别为 a_0、a_1、$\cdots$、a_n，那么
$N = a_n \cdot 10^n + \cdots + a_2 \cdot 10^2 + a_1 \cdot 10 + a_0 = 10^2\,(a_n \cdot 10^{n-2} + \cdots + a_2) + (a_1 \cdot 10 + a_0)$，
其中，$10^2\,(a_n \cdot 10^{n-2} + \cdots + a_2)$ 能被 4 和 25 整除。

由定理 2 可知，如果 $(a_1 \cdot 10 + a_0)$ 即 N 的末两位数能被 4 或 25 整除，那么 N

就能被 4 或 25 整除。

例如，判断 53728 能不能被 4 整除，只要看 53728 的末两位数 28。因为 4 | 28，所以 4 | 53728。

3. 能被 8 或 125 整除的数的特征

读到此处，你不难想到：能被 8 或 125 整除的数的特征是，这个数的末三位数能被 8 或 125 整除。那么，该如何引导学生探索其中的规律呢？结合能被 2 或 5 整除的数的特征以及能被 4 或 25 整除的数的特征，不难发现其中的规律。即：2（或 5）的倍数特征——看末位数；2^2（或 5^2）的倍数特征——看末两位数；2^3（或 5^3）的倍数特征——看末三位数……进而引导学生发现，原来与 2（或 5）的个数有关，几个 2（或 5）相乘，就看末几位数。

五、奇数与偶数

1. 奇数与偶数的概念

能被 2 整除的数叫作偶数，通常用 $2k$ 表示；不能被 2 整除的数叫作奇数，通常用 $2k+1$（或 $2k-1$）表示。（其中，k 是整数）

教学中，使用 2 个 2 个数的方法，可以清晰地表示奇数和偶数。例如，13 可以分成 6 组余 1（图 2-1），所以是奇数。

●●／●●／●●／●●／●●／●●／●

图 2-1

由奇偶数可以生成很多深刻的数学命题，如大家熟知的哥德巴赫猜想：凡大于 4 的偶数都可以表示成两个质数的和。我国数学家陈景润先生于 1966 年证明了任何一个充分大的偶数都可以表示成一个质数与一个不超过两个质数的乘积之和，俗称"1 + 2"，这仍是目前所得到的最好结果。

2. 奇偶数与单双数之间的关系

"奇数""偶数"是数学名词，而"单数""双数"是生活用语。另外，两者范围不同。单数表示正的奇数，双数表示正的偶数，即单数和双数限于正整数范围内；而奇数、偶数可拓展至负整数。

3. 对 0 的讨论

由于 0 能被任何正整数整除，当然也能被 2 整除，因而符合偶数的定义，即 0 是偶数。在自然数中，0 是第一个偶数。

但是，0 不是最小的偶数，因为偶数中还包括负偶数，因此没有最小的偶数。同样，也没有最小的奇数。鉴于此，建议小学阶段不要求学生作相关判断，更不要出此类试题去考学生。

4. 奇数与偶数的性质

我们可以得到如下关于奇数与偶数的性质：

（1）奇数 ± 奇数 = 偶数，偶数 ± 偶数 = 偶数，奇数 ± 偶数 = 奇数；

（2）奇数 × 奇数 = 奇数，偶数 × 偶数 = 偶数，奇数 × 偶数 = 偶数；

（3）若 a 与 b 是整数，则 $a+b$ 与 $a-b$ 同是奇数或同是偶数。

5. 奇偶数性质的应用

灵活、巧妙、有意识地利用奇数与偶数的相关性质，加之以分析与推理，可以帮助我们解决许多复杂且有趣的问题。下面试举几例。

例 1 在式子"1□2□3□4□5□6□7□8□9 = 10"的每个方框内分别填入加号或减号，是否存在使等式成立的情况？

【解析】不能。因为在一个只有加减法运算的自然数算式中，如果把式子中的减法运算改成加法运算，那么所得结果的奇偶数情况不变。因此，无论在方框内填入加号还是减号，所得结果的奇偶数情况都是一样的。不妨在每个方框内都填入加号，左边得到 45，是个奇数，说明无论方框内如何填加号或减号，结果都是奇数；而右边的 10 是偶数。因此，根据奇数与偶数的性质，不存在使上述等式成立的情况。

例 2 桌子上有 7 个杯子，开口全部朝上。每次翻动其中 6 个杯子，能否经过若干次翻动，使得所有杯子的杯口都朝下？若可以，请指出最少要翻动多少次，并写出具体翻法；若不可以，请说明理由。

【解析】不能。可用反证法来说明：假设能经过若干次翻动，使得所有杯子的杯口都朝下，下面计算所有杯子被翻动的次数之和。一方面，每个杯子从杯口朝上变成杯口朝下，需要翻动奇数次，一共有 7 个杯子，7 个奇数的和还是奇数，因此所有杯子被翻动的次数之和是奇数；另一方面，每次翻动 6 个杯子，因此总翻动次数一定是 6 的倍数，那么一定是偶数次。由于一个奇数不可能等于一个偶数，因此假设错误。也就是说，不可能经过若干次翻动，使得所有杯子的杯口都朝下。

例3 桌子上有 6 个杯子，开口全部朝上。每次翻动其中 5 个杯子，能否经过若干次翻动，使得所有杯子的杯口都朝下？若可以，请指出最少要翻动多少次，并写出具体翻法；若不可以，请说明理由。

【解析】能，最少要翻动 6 次。具体翻法如下：把 6 个杯子依次编号为 1、2、3、4、5、6，第 1 次只不翻动 1 号杯子，第 2 次只不翻动 2 号杯子，第 3 次只不翻动 3 号杯子，第 4 次只不翻动 4 号杯子，第 5 次只不翻动 5 号杯子，第 6 次只不翻动 6 号杯子。那么，每个杯子都被翻动了 5 次，且都变成开口朝下，满足题意。

思考 例 2 和例 3 都是"翻杯子问题"，为什么例 2 不能实现，例 3 却能实现呢？两者的本质区别在哪里？

通过上述三个例题的分析，不难发现运用奇偶数的性质可以帮助我们解决许多生活中的数学问题，常用的方法有反证法、枚举法等。当然，这类数学问题一般不作为学生的学习要求，可为部分学生作思维训练用。

第二节　上位数学知识对教学的启示

理清有关 2、5 的倍数特征的上位数学知识，可以帮助教师进一步明确特征原理，理解其本质属性，避免教学这一内容时出现数学语言表述不当的情况。

一、明确本质属性

思考 教学"2、5 的倍数的特征"这节课，最重要的内容是 2、5 的倍数特征的本质属性。那么，你觉得什么是 2、5 的倍数特征的本质属性呢？

教学中，有时将课题称为"2、5 的倍数的特征"，有时也说"能被 2、5 整除的数的特征"。不管是哪种说法，都重视对 2、5 的倍数特征本质属性的教学。

从对上位数学知识的梳理中，我们可以知道 2 的倍数特征的本质属性有两个：其一，个位上是 0、2、4、6、8 的数一定是 2 的倍数；其二，是 2 的倍数的数，其个位上的数一定是 0、2、4、6、8 中的一个。5 的倍数特征的本质属性也是如此。只有明晰了概念的本质属性，才能做到知其然，并知其所以然，从而让学生既能通过看一个数的末位就能快速判断出这个数是否是 2、5 的倍数，又能清楚地知道为什么可以这样做。

二、明确联系与区别

思考 "2、5 的倍数的特征"与"能被 2、5 整除的数的特征"，两者有什么联系？又有什么区别？

我们先来看看两者的具体表述。

2 的倍数的特征是这样描述的：个位上是 0、2、4、6、8 的数，都是 2 的倍数；5 的倍数的特征是这样描述的：个位上是 0 或 5 的数，都是 5 的倍数。

能被 2 整除的数的特征是这样描述的：个位上是 0、2、4、6、8 的数，都能被 2 整除；能被 5 整除的数的特征是这样描述的：个位上是 0 或 5 的数，都能被 5 整除。

可见，两种表述方法，前半句是一致的，区别在于后半句。以"2"为例，"是 2 的倍数"是基于乘法，而"能被 2 整除"是从除法的角度来理解，而乘法与除法是可逆的，因此两者之间又有着密切的联系。

笔者以为，教师应将"2、5 的倍数的特征"纳入"整除"这个大背景中，让学生先理解什么是"整除"，再学习相关特征。教学时，既可以从乘法算式入手，也可以从除法算式入手，让学生理解因数、积或者被除数、除数、商之间的内在关系。

三、加强奇数、偶数与质数、合数概念的比较

奇数、偶数与质数（素数）、合数是学生容易混淆的四个概念。按照能不能被 2 整除，可以将非零自然数分为奇数和偶数；按照因数的个数，非零自然数又可以

分为 1、质数、合数。如此，可得到一些结论，例如，除了 2 以外的所有质数都是奇数，除了 2 以外的所有偶数都是合数。但是，不是所有奇数都是质数，也不是所有合数都是偶数。那么，怎样做才能比较好地区分这些概念呢？我们可以借助数轴，采用比较策略，帮助学生厘清四者之间的关系。教学片断如下。

师：刚才我们复习了奇数、偶数、质数、合数这四个概念，（出示图 2-2）请你再仔细观察这两条数轴，你发现它们有什么区别和联系吗？

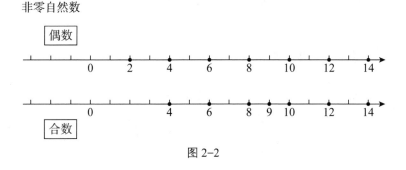

图 2-2

生：所有偶数中，除了 2 以外，其他全是合数。

师：真厉害，找到了偶数和合数之间的联系。想一想，能不能把这种联系用集合圈表示出来？

学生独立表示，教师收集学生作品并全班展示，如图 2-3 所示。

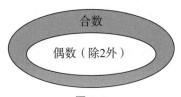

图 2-3

师：除了 2 以外，合数包含了所有偶数。那两个圈之间的部分又包含了怎样一些数呢？

生：包含像 9、15、21 这样的数，是奇数，也是合数的数。

师：找到了偶数和合数之间的联系，（出示图 2-4）那质数和奇数之间又有什么联系呢？

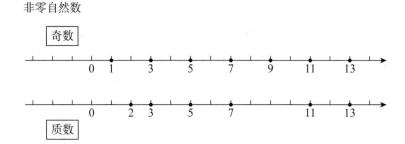

图 2-4

生：所有质数中，除了 2 以外，都是奇数。

师：你能用集合圈表示出它们之间的关系吗？

学生独立表示，教师收集学生作品并全班展示，如图 2-5 所示。

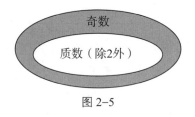

图 2-5

师：除了 2 以外，奇数包含了所有的质数。那两个圈之间的部分又包含了怎样一些数呢？

生：包含像 9、15、21 这样的数，它们也都是奇数，但不是质数。

师：观察数轴上 2、3 这两个数，它们有什么特点？

生：都是质数。

师：像这样连续两个自然数都是质数的情况还有吗？为什么？

······

教师要善于引导学生从不同角度、不同层次发现知识之间的联系与区别，具体可采用比较策略，让学生在"求同"或"辨异"中化解难点，更好地理解知识。

第三章 课程标准（教学大纲）研究

　　我国中小学课程标准（教学大纲）历经百年的发展，先后颁布了多个纲领性文件。本章基于国内外课程标准（教学大纲），对"2、5 的倍数的特征"一课的教学要求展开具体研究，以期为当下教学提供借鉴。

第一节　国内课程标准（教学大纲）的教学要求

一、"能被 2、5 整除的数的特征"的历史追溯

　　思考　从什么时候开始，要求小学生学习"能被 2、5 整除的数的特征"？

　　1902 年，清政府颁布了《钦定学堂章程》，其中包含《蒙学堂章程》《小学堂章程》等；又于 1904 年颁布了《奏定学堂章程》，其中包含《初等小学堂章程》《高等小学堂章程》等。1923 年，由俞子夷先生起草的《新学制课程标准纲要·小学算术课程纲要》第一次用了"课程标准"一词[①]。中华人民共和国成立后，于 1950 年颁布了《小学算术课程暂行标准（草案）》，之后又相继于 1952 年和 1956 年颁布了《小学算术教学大纲（草案）》《小学算术教学大纲（修订草案）》，均是根据国家政府的要求颁布的指导性文件[②]。然而，这些文件中都没有把"能被 2、5 整除的数的特征"列为教学内容。

　　直到 1963 年，《全日制小学算术教学大纲（草案）》〔以下简称《大纲（草案）》〕中，要求学生在五年级下册学习"约数和倍数"这一内容，该单元课时数为

---

① 课程教材研究所. 20 世纪中国中小学课程标准·教学大纲汇编：数学卷 [M]. 北京：人民教育出版社，2001.
② 邵征锋，熊梅，杜尚荣. 70 年来我国小学数学课程标准演变及启示 [J]. 中小学教师培训，2019（5）：33-38.

20 课时（一学期共 108 课时），并首次提出以下学习要求：理解约数、倍数、质数、合数等概念，掌握能被 2、5、9、3 整除的数的特征，会求几个数的最大公约数和最小公倍数①。其中，"掌握能被 2、5、9、3 整除的数的特征"，虽然只是简短的一句话，但涵盖了很多知识点，不仅有 "能被 2 整除的数的特征"，还有 "能被 5 整除的数的特征" "能被 9 整除的数的特征"，以及 "能被 3 整除的数的特征"，且各知识点之间相互关联，呈现出一定的先后顺序，即 "先 2 后 5" "先 9 后 3"，具有一定的迁移性。从当时的背景来看，这样的教学内容编排是合适的。

二、"能被 2、5 整除的数的特征" 教学要求的变化

思考 随着历史的发展，"能被 2、5 整除的数的特征" 的教学要求在各个时期的课程标准（教学大纲）中有什么变化？

1. 1978 年教学大纲中的教学要求

1978 年 2 月，教育部正式颁布了《全日制十年制学校小学数学教学大纲（试行草案）》〔以下简称《大纲（试行草案）》〕，内容涉及参加工农业生产和学习现代化科学技术所必需的基础知识与基本技能，且第一次用 "数学" 一词代替了使用多年的 "算术" 二字。

《大纲（试行草案）》规定了在四年级下册学习 "数的整除"，共 20 课时，其中明确提出了 "掌握能被 2、5、3 整除的数的特征" 的教学要求②。与 1963 年颁布的《大纲（草案）》相比，主要有两个变化：一是将这一内容从五年级移到了四年级，从年段上来看，要求有所提高；二是在内容上有所删减，删去了 "能被 9 整除的数的特征" 相关内容，且该内容此后也未在课程标准（教学大纲）中出现。特别地，1963 年的学制与 1978 年不同，前者小学为六年制，后者为五年制③。因此，前者将 "数的整除" 安排在五年级下册学习，而后者改为四年级下册，是有一定道理的。

---

① 课程教材研究所. 20 世纪中国中小学课程标准·教学大纲汇编: 数学卷 [M]. 北京: 人民教育出版社, 2001.
② 同①.
③ 同①.

2. 1986 年至 2000 年教学大纲中的教学要求

教育部于 1986 年颁布了《全日制小学数学教学大纲》，1988 年颁布了《九年义务教育全日制小学数学教学大纲（初审稿）》，1992 年颁布了《九年义务教育全日制小学数学教学大纲（试用）》，2000 年颁布了《九年义务教育全日制小学数学教学大纲（试用修订版）》。1986 年到 2000 年之间颁布的教学大纲都涉及两种学制，且都将"数的整除"单元放在五年制下的四年级下册、六年制下的五年级下册[①]。同时，一直用"掌握"这一行为动词来刻画教学要求。那么，这些教学大纲是如何界定"掌握"的呢？在 1992 年和 2000 年的教学大纲中是这样描述的：

掌握：是指在理解的基础上，能够对所学的知识进行分辨、判断或计算，能说明一些道理。[②]

不管是 1992 年的试用教学大纲，还是 2000 年修订后的教学大纲，都提到了"在理解的基础上"。那么，教学大纲又是如何定义"理解"的呢？

理解：是指对所学的知识有一定理性的认识，能够用语言表达它的确切含义，知道它的用途，知道它和其他知识间的联系和区别。[③]

可见，教学大纲对"掌握"的描述建立在"理解"的基础之上，显然"掌握"比"理解"的要求更高一些。

顾泠沅教授在布卢姆教育目标分类学的基础上，结合上海青浦课改经验，提出了认知目标及其对应的能力表现水平[④]，具体如下。

---

① 课程教材研究所. 20 世纪中国中小学课程标准·教学大纲汇编: 数学卷 [M]. 北京: 人民教育出版社, 2001.

② 同①.

③ 同①.

④ 顾泠沅. 口述教改——地区实验或研究纪事 [M]. 上海: 上海教育出版社, 2014.

A 类目标是操作，指记忆水平的操作行为、简单练习。表现为按基础知识、基本技能所要求的方法、步骤进行模仿式操作，有时甚至不明白事理也可以完成。

B 类目标是了解，指以记忆水平为主的复述行为、初步了解。表现为复述已学过的具体事实和定义、概念、命题、规则、表述形式等知识，并对这些基本概念的含义有初步了解。

C 类目标是领会，指基于初步理解水平的领会、解释，以及在常规问题中的运用或解释此类问题。表现为对概念、原理、法则及其逻辑关系的理解，据此解释和解决较复杂的常规问题，并对其中的不同变式作出比较。

D 类目标是探究，指基于高层次理解水平，以及在非常规问题中的探索乃至创造。表现为对思想方法的灵活把握，对非常规问题作出分析，将分析过程综合起来进行通盘考虑，并对问题的探索或创造过程作出评判。

根据顾泠沅教授所提出的认知目标，可以看出 "掌握" 所对应的不是 "操作" 或 "了解"，而是 "领会"，而领会水平要求在初步理解的基础上能作出解释。那么，是否达到了探究水平呢？上述教学大纲中对 "掌握" 的表述是 "能够对所学的知识进行分辨、判断或计算"，从顾泠沅教授对探究水平的界定来看，显然没有达到探究水平，因为探究水平一般是对非常规问题的探索乃至创造。

3. 2001 年、2011 年和 2022 年数学课程标准中的教学要求

2001 年，教育部颁布并实施《课标实验稿》。其中，把义务教育阶段分为三个学段：1~3 年级为第一学段，4~6 年级为第二学段，7~9 年级为第三学段。并且，在第二学段数与代数领域中，把原来的 "掌握能被 2、5、3 整除的数的特征" 这一教学要求改为 "知道 2、3、5 的倍数的特征"。那么，这样的变化是提高了教学要求还是降低了教学要求？我们先来看看《课标实验稿》是如何界定和描述 "了解" "理解" "掌握" "运用" 这些行为动词的。

了解（同类词：知道，说出，辨认，识别）：从具体事例中知道或举例说明对象的有关特征；根据对象的特征，从具体情境中辨认或者举例说明对象。

理解（同类词：认识，会）：描述对象的特征和由来，阐述此对象与相关对象

之间的区别和联系。

掌握（同类词：能）：在理解的基础上，把对象用于新的情境。

运用（同类词：证明）：综合使用已掌握的对象，选择或创造适当的方法解决问题。

可以看到，《课标实验稿》把教学要求分为不同层次，其中"了解"属于第一层次，对应顾泠沅教授的掌握水平。这样看来，《课标实验稿》对"2、5 的倍数的特征"的教学要求是在下降的，从掌握水平下降到了解水平，下降了两个水平层次。这是为什么呢？

对此，《全日制义务教育数学课程标准（实验稿）解读》中有详细解释：这部分内容在《课标实验稿》中的要求有所降低，明确在 1~100 的自然数范围内认识相关概念和性质，且不作为独立部分出现，在教材编排中可以将这部分内容分散到数的认识和计算中[1]。

可以看到，数的整除这部分内容的整体要求有所降低，背后原因何在？难道是这部分内容不重要，还是基于其他原因？《全日制义务教育数学课程标准（实验稿）解读》是这样解释的：减少或降低，归根结底是为了增强和提高，为了确保全体学生扎扎实实地学好数与代数最基本、最有价值的主干内容[2]。因此，从实用价值上来看，尽管数论在现代密码技术等领域有着重要作用，但只有部分人在研究它、应用它。曹培英先生指出："既然如此，为什么要让绝大多数学了无用的人去陪读呢？"[3]根据曹培英先生的研究，从继续学习的基础价值看，在整个初高中的数学学习中，数的整除知识的价值并不十分凸显。例如，学习因式分解并不需要分解质因数作基础。

综上所述，2、5 的倍数特征作为数的整除领域中的一部分，其要求有所降低

---

① 数学课程标准研制组 . 全日制义务教育数学课程标准（实验稿）解读 [M]. 北京：北京师范大学出版社，2002.

② 同①.

③ 曹培英 . 小学数学教学改革探析：在规矩方圆中求索 [M]. 北京：人民教育出版社，2004.

也在情理之中了。但内容要求的降低并不等同于其在教学方式或学习方式上也降低了要求，使其沦为以记忆为主，反而应更加注重让学生经历发现 2、5 的倍数特征的过程，并能进行简单说理，以促进学生数感与逻辑思维的发展。

《课标 2011 年版》就 "2、5 的倍数的特征" 这一内容，无论是学段的安排还是教学要求，都与《课标实验稿》没有差别。《课标 2022 年版》则作出了些许变化，将义务教育阶段分为四个学段：1~2 年级为第一学段，3~4 年级为第二学段，5~6 年级为第三学段，7~9 年级为第四学段，并顺势将其编排在第三学段数与代数领域，内容要求不变，仍为 "知道 2、3、5 的倍数的特征"，但在 "教学提示" 中进一步指出，要求学生 "探索 2、3、5 的倍数的特征"。显然，这样的变化更凸显学生的数学实践，重在探索。因此，教师在课堂上可以以任务驱动的方式展开教学，进而提升教学的质量和效果。

第二节　国外课程标准（教学大纲）的教学要求

对国外课程标准（教学大纲）的研究主要依据曹一鸣主编的《十三国数学课程标准评介（小学、初中卷）》展开。梳理发现，澳大利亚、法国、英国、德国、俄罗斯等国的数学课程标准（教学大纲）中都有 2、5 的倍数特征相关内容，而新加坡、日本、韩国、芬兰、美国、加拿大、南非等国的数学课程标准（教学大纲）中并未涉及。

一、澳大利亚

澳大利亚于 2010 年 12 月正式公布了第一个全国统一的课程标准，英语、数学、科学和历史学科的课程标准作为第一阶段公布的课程标准，于 2011 年正式实施[①]。其中，数学统一课程标准（以下简称《澳大利亚课标》）设置了数与代数、测量与几何、统计与概率三部分内容，以及理解、熟练、问题解决、推理四种精通程度[②]。

---

① 高雅. 中澳小学数学课程标准比较研究 [D]. 扬州：扬州大学，2014.

② 康玥媛. 澳大利亚全国统一数学课程标准评析 [J]. 数学教育学报，2011，20（5）：81-85.

2、5 的倍数特征属于《澳大利亚课标》中的数与代数部分，相关描述如下：一年级时，要求学生能从 0 开始，以 2、5、10 为单位跳着计数；二年级时，要求学生能以 2、3、5 或 10 为单位进行加减运算；三年级时，要求学生能解释为什么以 0、2、4、6、8 结尾的数都是偶数，并回想 2、3、5、10 的乘法因子及相关的除法因子；四年级时，让学生研究 3、4、6、7、8、9 的倍数序列；五年级时，要求学生识别并描述一个整数的因数及倍数，并解决相应问题；六年级时，要求学生识别和描述质数、合数、平方数和立方数的性质。

不难发现，《澳大利亚课标》对该内容的教学要求遵循有序渗透、螺旋上升的编写原则，其要求整体上高于我国《课标 2011 年版》中的要求。并且，澳大利亚从小学低段开始就有意识地渗透 2 个 2 个数或 5 个 5 个数，以及以 2、3、5 为单位进行计算，以为后续的学习做铺垫。

二、法国

法国基础教育包括学前、小学、初中、高中四个阶段，其中小学 5 年，初中 4 年，高中 3 年。法国的数学课程标准（以下简称《法国课标》）由教育部统一制定，关于 2、5 的倍数特征则被安排在初中阶段，且这一阶段的学习内容包括数与计算、几何、量值与度量、数据的收集与整理四个领域。在中学一年级数与计算领域，《法国课标》明确提出要求学生认识和使用能被 2、5、10、3、4、9 整除的数的判别准则。

《法国课标》把数的整除安排在初中进行系统学习，与我国相比则较晚。

三、德国

德国共有 16 个州，各州享有文化主权，因此各州教育体制不尽相同。现以德国黑森州 2010 年颁布的数学课程大纲（以下简称《德国黑森州课标》）为例，试作分析。

黑森州的学制与我国差别较大，即小学 4 年，中学则采用八年制中学（G8）和九年制中学（G9）两种制度并行的政策，并赋予学生自由选择权。

在《德国黑森州课标》中，中学数学的学习内容包括数领域、几何学和量三个板块,并在中学一年级的数领域中设有一项独立内容——能除尽的数,具体包括"可被 2、5、10、4、25、100 整除的数""把两位以上的数字相加后的横加数可以被 3 和 9 整除"[①] 这两方面内容。

四、英国

英国的课程标准也是全国统一的,但与其他国家有着明显的不同,即非常重视对学生学习水平的描述,并附有相关要求。1989 年英国颁布了《国家数学课程标准》,截至 1999 年,期间共经历了 3 次修订。1999 年修改后的标准主要包含三个部分:学习计划(即学习内容)、达成目标、学习评价。其中,学习计划规定了教学的四个关键阶段:关键阶段 1 和关键阶段 2 主要针对 5～11 岁的儿童;关键阶段 3 相当于我国的初中阶段;关键阶段 4 分为普通课程和更高层次的课程两种,选择哪一种课程具体视学生在关键阶段 3 的学习水平而定。这四个关键阶段并没有指明具体的对应年级,这使得教育具有更大的弹性,可能一个 9 岁的儿童已经达到关键阶段 2 的水平,也有可能一个 10 岁的儿童还停留在关键阶段 1 的水平。

仔细分析英国的课标,发现课标对学习内容的划分非常细致。例如,关键阶段 1 的内容分为数与图形、空间和测量两大板块;在数与图形板块中,数部分又细分为使用和应用数、数与数系、计算、解决数值问题、处理与描述并解释数据;在数与数系中,又包含数数、数字形式和数列、数系三个内容;在数字形式和数列部分,要求学生探究并记录有关加法和减法的形式,以及 2、5、10 的倍数的形式,能解释这些形式并用它们进行预测。而到了关键阶段 2,在数字形式和数列部分,要求学生认识和描述数字形式,包括两位和三位的 2、5、10 的倍数,承认它们的形式并借此作出预测。

五、俄罗斯

俄罗斯国家数学教育标准(以下简称《俄罗斯课标》)在 2001 年颁布,其中规

---

① 曹一鸣. 十三国数学课程标准评介(小学、初中卷)[M]. 北京: 北京师范大学出版社,2012.

定了各阶段学生必学的最少内容。

俄罗斯的学制为 11 年，分三个阶段，第一阶段为 1～4 年级，第二阶段为 5～9 年级，第三阶段为 10～11 年级。在第二阶段，《俄罗斯课标》规定必学的最少内容为算术、代数、几何，以及逻辑、组合、统计与概率论初步。在算术中的自然数部分，明确设置了"能被 2、3、5、9、10 整除的数的特征"学习内容。

六、五个国家相关教学要求的简单综述

进一步，把澳大利亚、法国、德国、英国、俄罗斯课程标准中与 2、5 的倍数特征相关的内容进行梳理，具体如表 3-1 所示。

表 3-1 五国课程标准相关内容梳理

国家	初学年级	研究哪几个数的倍数特征
澳大利亚	三年级	2、3、5、10
	四年级	3、4、6、7、8、9
法国	中学一年级 （相当于我国的六年级）	2、5、10； 3、4、9
德国	中学一年级 （相当于我国的五年级）	2、5、10； 4、25、100； 3、9
英国	关键阶段 1 关键阶段 2	2、5、10
俄罗斯	第二学段 （相当于我国的五年级）	2、3、5、9、10

英国的学习内容仅限于 2、5、10 这几个数的倍数特征，其他四个国家还包括 3、4、9、10、25、7、8 等数的倍数特征，其中澳大利亚、法国、德国的教材比较注重知识体系的完整性。虽然《澳大利亚课标》没有像我国的课程标准那样明确指出在哪个年段学习整除知识，但从整体上来看，《澳大利亚课标》将相关内容分散到各年级进行教学，知识难度呈螺旋式上升。《法国课标》要求先学 2、5、10 的倍数特征，再学 3、4、9 的倍数特征；《德国黑森州课标》的要求更高，先学 2、5、10

的倍数特征，再学 4、25、100 的倍数特征，最后学 3、9 的倍数特征，且在课程标准中具体提出"把两位以上的数字相加后的横加数可以被 3 和 9 整除"这样的表述。可见，就整除知识而言，法国、德国的学习要求比我国更高一些，学生需要探究、发现更多数的倍数特征。

第三节　课程标准（教学大纲）研究对教学的启示

一、国内课程标准（教学大纲）的教学启示

通过分析国内不同版本的课程标准（教学大纲），发现其在内容、表述及要求上都有了变化，给我们带来诸多教学启示。

1. 内容上的变化及其教学启示

1963 年颁布的《大纲（草案）》中要求学习"能被 2、5、9、3 整除的数的特征"，而在 1978 年颁布的《大纲（试行草案）》中只要求学习"能被 2、5、3 整除的数的特征"。

为什么要删除"能被 9 整除的数的特征"这一内容？笔者以为，9 的倍数特征是对 3 的倍数特征的扩充，因此从知识的难易程度上来看，9 的倍数特征更具挑战性。并且，从学习的进程上来看，可以在学习了 3 的倍数特征之后，让学生自主研究 9 的倍数特征。

2. 表述上的变化及其教学启示

2001 年颁布并实施的《课标实验稿》中，将用了近 40 年的"能被 2、5 整除的数的特征"这一表述改为"2、5 的倍数的特征"。

从第二章对上位知识的分析中我们已经知道，"能被 2、5 整除的数的特征"相关知识本就包含在"数的整除"内容中。虽然小学阶段就这部分内容所涉及的知识点还不是很多，但教师在具体教学时可适当拓展知识范围，即把倍数特征的相关知识放在"数的整除"整个知识大背景中展开研究。因此，笔者以为，从知识体系的逻辑性上来讲，"整除"的说法更好一些。

很多时候，鉴于小学生在理解定义性文字方面存在一定的难度，因此一个数

学概念的表述在小学阶段和中学阶段往往会有些许差异。例如，很多小学生较难理解"数 a 能被数 b 整除"。难点在哪里？笔者以为，中文中部分表述在主动语态与被动语态方面区分得没有那么明显。举个例子，"8÷2"读作"8 除以 2"，而低段儿童常常误读成"8 除 2"。对此，教师则会反复纠正"要读作'8 除以 2'或者'2 除 8'"。"8 除以 2"中，8 是被动的，8 要被 2 除，所以 8 是被除数，2 是除数；而"2 除 8"中，2 是主动的，用 2 去除 8。教师说到这里，小学生多少已经开始糊涂了。可见，这样的表述对低年级学生来说是一件较难理解的事，因此到了四、五年级，还有部分学生仍然不清楚"数 a 能被数 b 整除"是"$a÷b$"还是"$b÷a$"。

这样看来，将"能被 2、5 整除的数的特征"的表述改为"2、5 的倍数的特征"是有一定道理的，更易于学生理解。如果给出"a 是 b 的倍数"，学生就能马上知道对应的算式是"$a÷b$"，不会造成语言理解上的困扰。

3. 要求上的变化及其教学启示

在 2001 年《课标实验稿》颁布之前，我国课程标准（教学大纲）中的要求是"掌握能被 2、5、3 整除的数的特征"，而《课标实验稿》则调整为"知道 2、3、5 的倍数的特征"。其中，"掌握能被 2、5、3 整除的数的特征"要求学生不仅要知道 2、5 的倍数特征是什么，还要知道为什么，并能用语言表述其确切含义。如此，对教师的教学而言是一个挑战，要求教师讲清楚背后的原理（具体见本书第二章）。《课标实验稿》则相对降低了要求，将"掌握"的要求改为"知道"，即：要求学生知道 2、3、5 的倍数特征是什么，且只要从具体情境中辨认特征，或者举例说明特征即可，不需要探究背后的原理。

《课标 2022 年版》进一步要求学生"探索 2、3、5 的倍数的特征"，并在"教学提示"中指出，"数的认识教学要引导学生根据数的意义，用列举、计算、归纳等方法，探索 2、3、5 的倍数的特征，理解公因数和公倍数、奇数和偶数、质数和合数，形成推理意识"[①]。可见，《课标 2022 年版》强调重视学生的探究学习过程，以及对学生推理能力的培养。同时，将对原理的探究作为重点，并以任务驱动的

---

① 中华人民共和国教育部. 义务教育数学课程标准（2022 年版）[S]. 北京: 北京师范大学出版社, 2022.

方式展开教学，进而提升核心素养。

二、国外课程标准（教学大纲）的教学启示

《澳大利亚课标》较为特殊，在一年级数与代数部分明确了"能从 0 开始，以 2、5、10 为单位跳着计数"的教学要求；在二年级进一步要求学生能以 2、3、5 或 10 为单位进行加减运算；在三年级明确了"能解释为什么以 0、2、4、6、8 结尾的数都是偶数"的要求，同时要求学生回想 2、3、5、10 的乘法因子及相关的除法因子，并借助数字序列确定乘法因子；在四年级要求学生研究 3、4、6、7、8、9 的倍数序列；在五年级要求学生识别并描述一个整数的因数及倍数，并利用它们解决问题；在六年级要求学生识别和描述质数、合数、平方数和立方数的性质。

英国的课程标准在关键阶段 1（相当于我国的一、二年级）就开始渗透 2、5、10 的倍数特征，在数字形式和数列部分的具体要求为：创造和描述数字形式；探究并记录有关加法和减法的形式，以及 2、5、10 的倍数的形式，能解释这些形式并用它们进行预测；认识 30 以内及以上的奇数和偶数；认识减半和加倍的关系。接着，让学生在关键阶段 2 再度对此展开学习，但知识的深度较关键阶段 1 有所提升，在数字形式和数列部分的具体要求为：认识和描述数字形式，包括两位和三位的 2、5、10 的倍数，承认它们的形式并借此作出预测；认识 20 以内的素数以及"10×10"以内的平方数；找到任意一个两位数的因数及其所有的素因子。

由此可知，澳大利亚和英国都从低段开始就有意识地渗透 2 个 2 个数、5 个 5 个数及 10 个 10 个数的计数经验，即分别以 2、5、10 为单位进行计数。学生在以 2、5、10 为单位进行计数及加减运算的过程中，其实已经在慢慢地感悟 2、5、10 的倍数及其特征。这一做法与我国的"四基"要求相吻合，都可以视作对数学学习活动的体验以及基本活动经验的积累。

通过分析与比较国内外不同的课程标准（教学大纲），让笔者对"2、5 的倍数的特征"一课的教学视野更加开阔，同时思考："2、5 的倍数的特征"教学可以下放到更低一点的年级吗？对此，笔者以为，在初步认识 2、5 的倍数特征过程中，其背后的整除性原理对学生来说较难理解，因此教师对这部分知识的教学可以

适当放慢脚步，逐步细化，使学习难度逐渐递增。同时，可以尝试在二年级教学"倍"单元的知识点时，就开始渗透"2、5、3、10 的几倍数是几"，初步渗透倍数和因数等相关知识。紧接着，可借鉴浙教版新思维小学数学教材，把"能被 2、5、3 整除的数""倍数与因数""素数与合数""分解素因数"纳入四年级展开集中学习，而把"最大公因数与最小公倍数"纳入五年级学习，从而分散难点，使学习难度呈螺旋式上升。这样，可能更加符合学生的认知发展规律。

第四章 教材比较研究

本章主要针对"2、5 的倍数的特征"一课,对教材进行纵向和横向的比较研究。其中,纵向比较研究主要从历史的角度,对不同时期的教材进行比较;横向比较研究是对同一时期的教材进行比较。笔者以为,对不同时期由同一出版社出版(或同一主编编写)的教材进行纵向比较,可以使我们感受到历史的足迹。近年来,我国出现了多个不同版本的小学数学教材,分析比较其在编写"2、5 的倍数的特征"这一内容上的相同点与不同点,以取长补短,促进教材发展。

特别要说明的是,由于 2024 年最新版教材尚处陆续更替阶段,因此本章对此不作涉及。

第一节 教材纵向比较研究

一、三版人教版小学数学教材的纵向比较

思考 如果要对不同时期的人教版小学数学教材进行比较,你会从哪些角度进行比较呢?

不同时期的小学数学教材在"2、5 的倍数的特征"一课的编排上不仅有着各自不同的特点,还包含一些共同因素。笔者以为,研究近几十年来三版人教版小学数学教材关于"2、5 的倍数的特征"内容的变化情况,寻求不同时代背景下教材编排的特点,是一件很有意义的事。

1. 教材版本选取与教学年级、内容结构比较

(1)教材版本选取

笔者选取人民教育出版社分别在 1980 年、2006 年和 2023 年出版的三版小

学数学教材（以下分别简称人教 1980 年版教材、人教 2006 年版教材、人教 2023 年版教材）。其中，人教 1980 年版教材是五年制，人教 2006 年版教材、人教 2023 年版教材都是六年制。

（2）**教学年级设置**

人教 1980 年版教材将"2、5 的倍数的特征"编排在第八册，也就是四年级下册，而人教 2006 年版教材、人教 2023 年版教材都将其编排在第十册，也就是五年级下册。可见，三版教材都将"2、5 的倍数的特征"编排在小学高段，而具体年级的不同是由于人教 1980 年版教材为五年制，而其他两版教材都为六年制。

（3）**内容结构分析**

由于"2、5 的倍数的特征"涉及许多内容，三版教材在编写时呈现出不同的编写顺序，具体如下。

人教 1980 年版教材的编写顺序：① 指出在计算中，常常要判断一个数能不能被另一个数整除，从而引出可以根据数的一些特征来进行判断；② 给出一组都是 2 的倍数的数，并提问"这些数的个位数有什么特征"；③ 呈现能被 2 整除的定义；④ 教学偶数、奇数的概念；⑤ 给出一组都是 5 的倍数的数，并提问"这些数的个位数有什么特征"；⑥ 呈现能被 5 整除的定义；⑦ 给出一组都是 3 的倍数的数，并提问"把每个数各位上的数字加起来，所得的和有什么特征"；⑧ 呈现能被 3 整除的定义；⑨ 综合练习，共 10 题。

人教 2006 年版教材的编写顺序：① 从电影院中单双排列的座位号引入；② 开放式提问"这些数都是 2 的倍数，你发现 2 的倍数有什么特征"，学生自主探究特征；③ 教学偶数、奇数的概念；④ 练习——判断奇数和偶数；⑤ 借由生活情境引入，找学号是 5 的倍数的数；⑥ 利用百数表找 5 的倍数；⑦ 归纳 5 的倍数的特征；⑧ 练习——判断哪些数是 2 或 5 的倍数；⑨ 提问引入"3 的倍数有什么特征"，学生自主探究 3 的倍数的特征；⑩ 归纳 3 的倍数的特征；⑪ 练习——判断哪些数是 3 的倍数及 2、5 的倍数；⑫ 综合练习，共 11 题。

人教 2023 年版教材的编写顺序：① 由百数表引入，引导学生分别圈出 5 的倍数及 2 的倍数，并提问"5、2 的倍数有什么特征"；② 归纳 2、5 的倍数特征；

③ 教学偶数、奇数的概念；④ 练习——判断哪些数是 2 或 5 的倍数；⑤ 由百数表引入，引导学生圈出 3 的倍数；⑥ 探究 3 的倍数的特征，思考与哪些数位上的数有关；⑦ 归纳 3 的倍数的特征；⑧ 练习——判断哪些数是 3 的倍数；⑨ 综合练习，共 12 题。

综合分析三版教材的编写结构，发现三者知识呈现的先后顺序是一致的，都是先教学 2、5 的倍数特征，再教学 3 的倍数特征。可见，这部分知识本身就具有严密的递进关系。

进一步结合时代背景，发现三版教材在课时安排上有着些许差别。人教 1980 年版教材是将 2、5、3 的倍数特征相关教学集中在 1 个课时完成；人教 2006 年版教材则是分为 3 个课时，即分别用 1 个课时教学 2 的倍数特征、5 的倍数特征、3 的倍数特征；人教 2023 年版教材作了进一步整合，将 2 的倍数特征和 5 的倍数特征合并为 1 个课时教学，即"2、5 的倍数的特征"，再用 1 个课时教学 3 的倍数特征。由此可见，人教 1980 年版教材用一节课的时间来教学 2、5、3 的倍数特征，知识容量较大，体现出"重结果，轻探究过程"的特征，狠抓"双基"，这也是当时教学理念驱动下所产生的教学行为。在新课改的推动下，人教 2006 年版教材重视结合生活情境，以及学生对探究过程的体验，因此将每块内容独立教学。人教 2023 年版教材在上一版的基础上进行了微调，删去了生活情境引入的部分，更加注重对学生基本活动经验的积累，以及凸显学生的说理及操作行为。

2. 教材引入方式、特征探索与练习题类型比较

（1）如何引入主题

教材如何开头？如何引入对 2、5 的倍数特征的探究？这些都体现了教材编写者对该数学知识的理解情况。下面，具体分析三版教材在引入这部分内容时的相同点与不同点。

如图 4-1，人教 1980 年版教材从计算的需求引入，即判断一个数能不能被另一个数整除。左边的圆圈里呈现一列数即 1～10，每个数乘 2，得到右边圈里对应的一列数即 2～20，并直接告知右边圈里的一列数都是 2 的倍数，也就是能被 2 整除的数，进而让学生观察这些数的个位数有什么特征。

2.　能被 2、5、3 整除的数
在计算中，常常需要判断一个数能不能被另一个数整除。我们可以根据数的一些特征来进行判断。
(1) 右图右边圈里的数都是 2 的倍数，也就是能被 2 整除的数。看一看，这些数的个位数有什么特征。
× 2
1 2 3 4 5 6 7 8 9 10
2 4 6 8 10 12 14 16 18 20

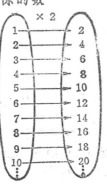

图 4-1

如图 4-2，人教 2006 年版教材由电影院的座位号引入，借由学生对单号、双号的生活经验引入 2 的倍数特征的教学，并提问“座位号是多少的同学应该从双号入口进”。

2 的倍数的特征
单号入口
双号入口
座位号是多少的同学应该从双号入口进?

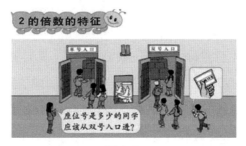

图 4-2

如图 4-3、图 4-4，人教 2023 年版教材由百数表引入，让学生先后圈出 5 和 2 的倍数，并观察 5 和 2 的倍数各有什么特征。

2. 2、5、3 的倍数
1

0	1	2	3	4	5	6	7	8	9
10	11	12	13	14	15	16	17	18	19
20	21	22	23	24	25	26	27	28	29
30	31	32	33	34	35	36	37	38	39
40	41	42	43	44	45	46	47	48	49
50	51	52	53	54	55	56	57	58	59
60	61	62	63	64	65	66	67	68	69
70	71	72	73	74	75	76	77	78	79
80	81	82	83	84	85	86	87	88	89
90	91	92	93	94	95	96	97	98	99

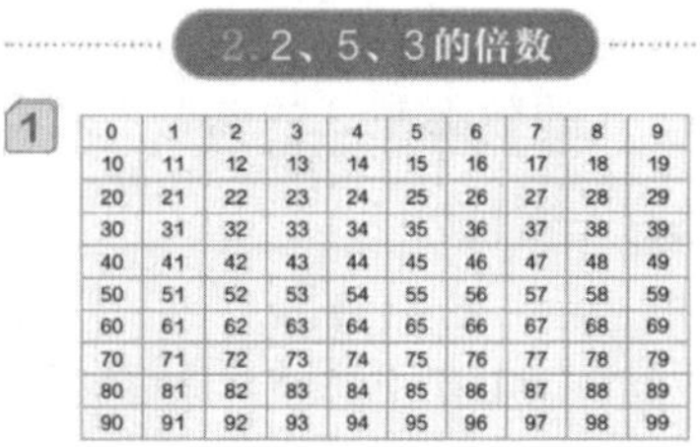

图 4-3

（1）把上表中 5 的倍数圈起来，看看 5 的倍数有什么特征。
（2）把上表中 2 的倍数框起来，看看 2 的倍数有什么特征。
5 的倍数个位上的数是 0 或 5。
2 的倍数个位上的数是 0，2，4，6 或 8。

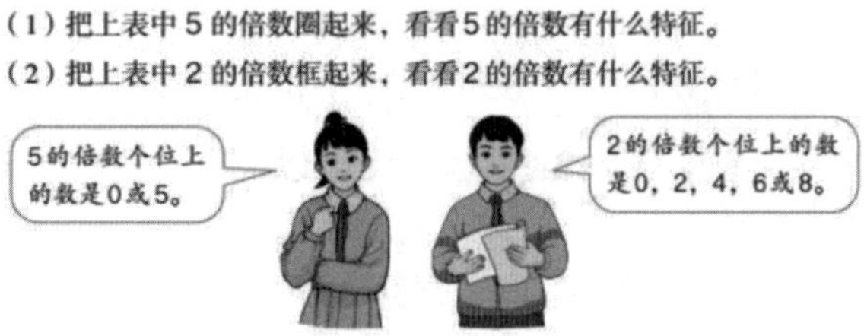

图 4-4

思考 你觉得上述三版教材的引入部分有共同特点吗？如果有，具体是什么？

分析上述三版教材的引入部分，我们可以看到它们具有以下共同特点：三版教材都是以问题的方式引入主题，但问题的开放程度不同。人教 1980 年版教材中问题的指向性非常明确，直接指向个位，是比较封闭式的提问，并直接给出了定义；人教 2006 年版教材中的问题呈半开放式，先告诉学生这些数是 2 的倍数，再引领学生自主发现个位数字的特征；人教 2023 年版教材中的问题更为开放，让学生从百数表中自主找出 5 的倍数和 2 的倍数，并提问有什么特征。

思考 你觉得上述三版教材的引入部分有各自的特点吗？如果有，各有什么特点？

除了共性外，三版教材也各有其特点。人教 1980 年版教材以图示的形式在左边呈现一组等差数列，分别将这些数乘 2，得到右边另外一组等差数列，且这两列数纵向排列。这样的编排注重知识内部结构的严密性，一方面体现了函数思想，另一方面便于学生观察每个数个位数字的特征，从而更好地发现规律。人教 2006 年版教材以电影院座位号的生活情境图引入，图中信息量丰富，涉及双号和单号，为后续偶数与奇数的学习做铺垫。这样的编排增强了数学知识与实际生活之间的联系。人教 2023 年版教材直接出示百数表，让学生独立寻找 5 的倍数和 2 的倍数，并引导他们自己发现规律，充分给予学生探究的空间，强调学生的自主发现，注重对学生基本活动经验的积累。

（2）如何引导学生理解 2、5 的倍数特征

思考 你觉得在给出"个位上是 0、2、4、6、8 的数都是 2 的倍数"这个定义之前，可以组织哪些活动，以使学生更好地理解这一特征？

"个位上是 0、2、4、6、8 的数都是 2 的倍数""个位上是 0 或 5 的数都是 5 的倍数"是这节课的两个重要概念。

人教 1980 年版教材让学生观察个位上的数字有什么特征后，紧接着呈现概念：个位上是 0、2、4、6、8 的数，都能被 2 整除；能被 2 整除的数叫作偶数，不能被 2 整除的数叫作奇数（图 4-5）。然后，迁移 2 的倍数特征的教学方法，教学能被 5 整除的数（图 4-6）和能被 3 整除的数。可以看出，人教 1980 年版教材对这三者的教学过程是相同的。

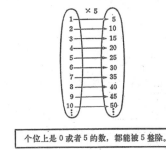

个位上是 0、2、4、6、8 的数，都能被 2 整除。

能被 2 整除的数叫做偶数；不能被 2 整除的数叫做奇(jī)数。

2、4、6、8、10……是偶数。

1、3、5、7、9……是奇数。

图 4-5

（2）下图右边圈里的数都是 5 的倍数，也就是能被 5 整除的数。看一看，这些数的个位数有什么特征。

个位上是 0 或者 5 的数，都能被 5 整除。

图 4-6

人教 2006 年版教材由电影院的生活情境引入，为概念揭示设置了铺垫活动，即让学生讨论座位号是多少的同学应该从双号入口进。学生以对话的方式报出 2、4、6、8、10 等数，并将这些数都改写成 2 与一个整数相乘的形式，即 $2 = 1 \times 2, 4 = 2 \times 2, 6 = 3 \times 2$……之后引导学生发现 2 的倍数有什么特征，并进行填空式归纳（图 4-7）。

座位号为 2、4、6、8、10、…

$2 = 1 \times 2$
$4 = 2 \times 2$
$6 = 3 \times 2$
$8 = 4 \times 2$
$10 = 5 \times 2$

这些数都是 2 的倍数，你发现 2 的倍数有什么特征？

个位上是 0、2，的数都是 2 的倍数。

图 4-7

另外，人教 2006 年版教材对 5 的倍数特征的研究，其呈现方式更为多样。先是结合生活情境，由学生的学号引入，找出学号是 5 的倍数的同学；再利用百数表找出 5 的倍数，并指导学生观察表格，发现规律；最后以填空的形式归纳特征（图 4-8）。

图 4-8

人教 2023 年版教材直接呈现百数表，让学生同时探究 2、5 的倍数特征：先在百数表中依次找到并圈出 5 的倍数、2 的倍数，围绕"有什么特征"这样一个开放式的"大问题"让学生自主探究，再引导学生举例验证，最后归纳总结。

（3）练习题有哪些类型

练习题是检测学生对知识掌握情况的重要载体。下面，从三版教材共有的练习题类型和独有的拓展练习两方面展开比较分析。

✦ 三版教材共有的练习题类型比较分析

比较得到，三版教材共有的练习题类型有三种：① 给出一些数，判断这些数是不是 2 或 5 的倍数；② 给出一些数，判断这些数是奇数还是偶数；③ 用几个数字组成一个三位数，使它成为 2 或 5 的倍数。我们选取其中的第一类和第三类练习作具体分析，以深入了解不同时期的教学要求与教学理念。

关于第一类练习，人教 1980 年版教材、人教 2006 年版教材、人教 2023 年版教材的练习分别如图 4-9、图 4-10、图 4-11 所示。

4. 说出下面哪些数有约数 2，哪些数有约数 5。

12　21　40　62　275　320　694　3000

图 4-9

下面哪些数是 2 的倍数？哪些数是 5 的倍数？哪些数既是 2 的倍数也是 5 的倍数？

24　35　67　90　99　15
60　75　106　130　521　280

做完这道题，你有什么收获？

图 4-10

✏️ 做一做

　　下面哪些数是2的倍数？哪些数是5的倍数？哪些数既是2的倍数，又是5的倍数？你发现了什么？

　　35　　67　　99　　106　　60　　75　　130　　521　　280　　6018

图 4-11

思考 你觉得上述三道题有哪些相同与不同的地方？

　　比较发现，上述三道题的内涵基本一致，考查的知识点相同，即判断哪些数是 2 的倍数，哪些数是 5 的倍数，只是三者的提问方式不同。人教 1980 年版教材没有直接提问这些数是不是 2 或 5 的倍数，而是寻找哪些数含有约数 2 或 5，从这一层面上来看，其难度高于人教 2006 年版教材和人教 2023 年版教材。并且，人教 2006 年版教材和人教 2023 年版教材在这类练习的呈现方式上几乎相同，都是提问"哪些数是 2 的倍数""哪些数是 5 的倍数""哪些数既是 2 的倍数，又是 5 的倍数"，都指向直接利用 2、5 的倍数特征来进行判断，难度不大。特别地，人教 1980 年版教材的练习中始终未涉及"哪些数既有约数 2，又有约数 5"，或者"哪些数既是 2 的倍数，又是 5 的倍数"这样的问题。可见，人教 1980 年版教材对知识点的落实比较单一，缺乏综合性问题。

　　另外，人教 2023 年版教材也在人教 2006 年版教材的基础上作出了细微的变化。其一，出现了一个四位数"6018"，即将要判断的数由三位数扩充到四位数。这一变化，不仅拓宽了学生的视野，还促使学生进一步明确知识本质：不管这个数有多大，判断的依据都是不变的。其二，人教 2006 年版教材在学生判断完之后，提问"做完这道题，你有什么收获"，而人教 2023 年版教材则进一步追问"你发现了什么"。从字面上来看，"收获"表示获得什么成果，在这里也可以理解为得出怎样的结论；而"发现"更多指向对规律的探寻。可见，人教 2006 年版教材更偏重结果，人教 2023 年版教材更偏重过程。

　　关于第三类练习，人教 1980 年版教材、人教 2006 年版教材、人教 2023 年版教材的练习分别如图 4-12、图 4-13、图 4-14 所示。

5. 用 5、7、8 排列成一个三位数，使它是 2 的倍数；再排列成一个三位数，使它是 5 的倍数。各有几种排列法？

图 4-12

10. 从下面四张数字卡片中取出三张，按要求组成三位数。

| 4 | 3 | 0 | 5 |

奇数_____　　偶数_____

2 的倍数_____　　5 的倍数_____

3 的倍数_____　　既是 2 的倍数又是 3 的倍数_____

图 4-13

⑩ 从下面四张数字卡片中按要求取出三张，组成三位数。

| 4 | 3 |
| 0 | 5 |

奇数_____　　偶数_____

2 的倍数_____　　5 的倍数_____

3 的倍数_____　　既是 2 的倍数，又是 3 的倍数_____

图 4-14

此类练习有两层含义：一是对数字进行组合，培养学生有序思考的习惯；二是按要求写数，培养学生的审题意识。

我们可以看到，在对这类练习的编排上，人教 2023 年版教材直接沿用了人教 2006 年版教材中的练习，但两者与人教 1980 年版教材的差异还是很大的，主要表现在以下几个方面：一是呈现方式不同。人教 1980 年版教材以简答题的形式呈现，难度要大一些；另外两版教材则以填空题的形式呈现。二是问题的开放程度不同。人教 1980 年版教材只给出了三个数字，学生无须作出选择，且只涉及 2 或 5 的倍数；另外两版教材给出了四个数字，需要学生从中选择三个，问题解答更具多样性，且问题也更发散，除了 2 或 5 的倍数，还考查了奇数、偶数、3 的倍数，以及既是 2 的倍数，又是 3 的倍数等概念。不难发现，新课改之后的教材更重视题目的灵活性和综合性，对学生数学素养方面的要求更高。

✦ 三版教材独有的拓展练习比较分析

三版教材都编排了具有时代特点的练习，笔者分别从各版本教材中选取一道试作分析。人教 1980 年版教材、人教 2006 年版教材、人教 2023 年版教材的拓展练习分别如图 4-15、图 4-16、图 4-17 所示。

8. 先求出下面每一个数各位上的数的和，看能不能被 9 整除；再算一算下面各数能不能被 9 整除。

72　　162　　297　　2988

图 4-15

11. 奇数与偶数的和是奇数还是偶数？奇数与奇数的和是奇数还是偶数？偶数与偶数的和呢？

图 4-16

> 📢 你知道吗？
>
> （1）判断一个数是不是 2 或 5 的倍数，为什么只用看个位数？
> 一个数可以根据数的组成进行改写，比如：
>
> $$24 = 2 \times 10 + 4 \times 1$$
> $$2485 = 2 \times 1000 + 4 \times 100 + 8 \times 10 + 5 \times 1$$
>
> 其中 10，100，1000 都是 2 或 5 的倍数，所以只要个位上的数是 2 或 5 的倍数，这个数就是 2 或 5 的倍数。
>
> （2）判断一个数是不是 3 的倍数，为什么要看各位上数的和？
> 可以按（1）的思路进行分析。
>
> $$2485 = 2 \times 1000 + 4 \times 100 + 8 \times 10 + 5 \times 1$$
> $$= 2 \times (999+1) + 4 \times (99+1) + 8 \times (9+1) + 5$$
> $$= \underline{2 \times 999 + 4 \times 99 + 8 \times 9} + (2+4+8+5)$$
>
> 其中 9，99，999 都是 3 的倍数，括号中是这个数各个数位上的数，所以只要这些数的和是 3 的倍数，这个数就是 3 的倍数。
>
> 试一试：你能继续找到判断 9 的倍数的方法吗？

图 4-17

思考 你觉得上述三道题目有哪些特别的地方？

人教 1980 年版教材中出现了"能被 9 整除的数的特征"相关练习题。在第三章对课程标准（教学大纲）的研究中我们已经知道，1978 年的《大纲（试行草案）》中删除了"能被 9 整除的数的特征"相关要求，那么教材为何又在练习中考查这一知识点呢？笔者以为，虽然大纲中将其删去了，但作为对知识的拓展与延伸，编写者还是将其以练习题的形式呈现，且并未作为星号题。

人教 2006 年版教材在练习部分考查了奇数与偶数的相关性质。虽然三版教材都介绍了奇数和偶数的概念，但只有人教 2006 年版教材在练习中渗透了奇数与偶数的相关性质，并以星号题的形式在最后一题呈现，作为对教学内容的一种适度拓展。

人教 2023 年版教材在《你知道吗？》栏目中提到：判断一个数是不是 2 或 5 的倍数，为什么只用看个位数？判断一个数是不是 3 的倍数，为什么要看各位上数的和？并且，进一步引导学生找出判断 9 的倍数的方法。这部分内容已经涉及原理性知识，且是学生最好奇、最想知道的问题。由于求证过程涉及位值制原理、数的拆分以及分配律等综合性知识，因此难度较大。但教师也无须回避这一问题，可将其作为背景知识呈现给学生，供其在学习之余自主探究。

二、刘静和、张天孝主编的两版不同时期的教材比较

由于浙江省区域较广，不同地区所用教材版本有所不同。现以杭州市上城区为例，梳理该区在不同时期所使用的教材。自 1984 年起，教材名经过了多次变更，分别是《现代小学数学》《新数学读本》《数学》。其中，《现代小学数学》由科学出版社出版，《新数学读本》《数学》均由浙江教育出版社出版。

1. 教材版本选取与教学年级、内容结构比较

（1）教材版本选取

我们选取了 1988 年版《现代小学数学》，以及 2008 年由浙江教育出版社出版的新思维小学数学教材（以下简称浙教 2008 年版教材）进行比较。其中，前者为五年制，后者为六年制。

（2）教学年级设置

1988 年版《现代小学数学》把"2、5 的倍数的特征"安排在第七册，即在四年级上册进行教学；浙教 2008 年版教材则将其安排在四年级下册进行教学。

1988 年版《现代小学数学》依据 1986 年颁布的《全日制小学数学教学大纲》进行编写，大纲明确规定将"能被 2、5、3 整除的数的特征"这一内容安排在五年制的四年级下册进行教学。笔者以为，教材把这一内容放在四年级上册教学应

该是经过一番思考后的结果。

浙教 2008 年版教材依据《课标实验稿》编写。《课标实验稿》中没有明确规定将 "2、5 的倍数的特征" 置于哪一个年级进行教学，但规定了要在第二学段即四到六年级（六年制）进行教学。因此，浙教 2008 年版教材把 "2、5 的倍数的特征" 放在四年级下册符合课标要求。

（3）内容结构分析

1988 年版《现代小学数学》与浙教 2008 年版教材相隔 20 年，前后的内容结构有着明显变化，现对其作具体分析。

1988 年版《现代小学数学》的编写顺序：① 出示一张 50 以内的数列表，并要求用红铅笔在格子里画斜线，找出 2 的倍数；② 让学生思考这些数都能被几整除，以及这些数个位上的数字是几；③ 小结得到个位上是 0、2、4、6、8 的数，都能被 2 整除；④ 继续在表中找出 5 的倍数，并用蓝铅笔在格子里画竖线；⑤ 让学生思考这些数都能被几整除，以及这些数个位上的数字是几；⑥ 小结得到个位上是 0 或 5 的数，都能被 5 整除；⑦ 练习题。

浙教 2008 年版教材的编写顺序：① 给出一些数，按能不能被 2 整除分成两类；② 分别写出几个能被 2 整除和不能被 2 整除的数；③ 讨论能被 2 整除的数有什么特征；④ 总结得到个位上是 0、2、4、6、8 的数，都能被 2 整除；⑤ 揭示奇数和偶数的概念；⑥ 用 0、4、5 这三个数字组成不同的三位数，并判断哪些能被 5 整除；⑦ 讨论如何研究能被 5 整除的数的特征，并给出研究步骤；⑧ 总结得到个位上是 0 或 5 的数，都能被 5 整除；⑨ 练习题。

分析上述两版教材的编写结构，我们发现：① 两版教材知识呈现的先后顺序一致，都是先教学能被 2 整除的数的特征，再教学能被 5 整除的数的特征；② 两版教材都重视如何找出 2 或 5 的倍数，体现出对学生探究过程的关注；③ 都以提出问题的方式引入教学，为学生探究 2 和 5 的倍数特征提供了很好的 "脚手架"。

2. 教材引入方式、特征探索与练习题类型比较

（1）如何引入主题

1988年版《现代小学数学》先出示一张50以内的数列表，让学生找出2的倍数，并用红铅笔在格子里画斜线（图4-18）；浙教2008年版教材给出无序的10个数，要求学生按能不能被2整除分成两类（图4-19）。

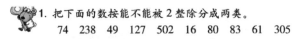

能被2或5整除的数的特征

下面是一张数列表：

1	2	3	4	5	6	7	8	9	10
11	12	13	14	15	16	17	18	19	20
21	22	23	24	25	26	27	28	29	30
31	32	33	34	35	36	37	38	39	40
41	42	43	44	45	46	47	48	49	50

找出2的倍数，并用红铅笔在格子里画斜线，如

图4-18

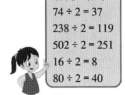

1. 把下面的数按能不能被2整除分成两类。

74　238　49　127　502　16　80　83　61　305

能被2整除	不能被2整除
74÷2=37	49÷2=24……1
238÷2=119	127÷2=63……1
502÷2=251	83÷2=41……1
16÷2=8	61÷2=30……1
80÷2=40	305÷2=152……1

图4-19

思考 你觉得上述两版教材的引入部分分别有什么特点？

1988年版《现代小学数学》的引入部分有以下两个特点：其一，注重联系旧知，借旧知引出新知。由于学生已在前一课时学习了约数和倍数，掌握了找一个数的约数和倍数的方法，因此此处直接给出一张50以内的数列表，让学生独立寻找2的倍数。其二，操作指令明确，指导性强。教材明确指出，要求学生用红铅笔在格子里画斜线，并给出示例，便于学生在课堂中进行实际操作。同时，通过

画红色斜线，便于学生发现规律。

浙教 2008 年版教材在引入部分有三个明显特点：其一，注重联系旧知，借旧知引出新知。由于学生在学习"2、5 的倍数的特征"一课之前还没有学过约数和倍数，只学习了整除概念，因此浙教 2008 年版教材从能否被 2 整除引入。其二，注重数学思想方法的渗透。先呈现 10 个数，让学生按能否被 2 整除分成两类。学生通过计算，将没有余数的视作一类，表示能被 2 整除；将有余数的视作另一类，表示不能被 2 整除。可见，教材编写者重视培养学生的分类思想。其三，扩充知识背景，重视计算。探究一个数能否被 2 整除，不是一味地让学生通过观察一些数的特点来发现规律，而是将这一知识点放入"整除"这个大背景中，让学生先逐一计算每个数能否被 2 整除，再进一步发现规律。

比较发现，两版教材都重视知识的前后联系，而引入的角度有所不同。1988 年版《现代小学数学》以"找一个数的倍数"为切入点引入新知，而浙教 2008 年版教材则是以"能否被一个数整除"为切入点引入新知。

（2）如何引导学生理解能被 2 或 5 整除的数的特征

如图 4-20，1988 年版《现代小学数学》直接提问"想一想，这些数都能被几整除？这些数的个位上是几"，并紧接着总结概念。接着，采用与教学能被 2 整除的数的特征相同的方式教学能被 5 整除的数的特征。

找出 2 的倍数，并用红铅笔在格子里画斜线，如 ▨。想一想，这些数都能被几整除？这些数的个位上是几？

> 个位上是 0，2，4，6，8 的数，都能被 2 整除。

再找出 5 的倍数，并用蓝铅笔在格子里画竖线，如 ▥。想一想，这些数都能被几整除，这些数的个位上是几？

> 个位上是 0 或 5 的数，都能被 5 整除。

图 4-20

　　如图 4-21，浙教 2008 年版教材让学生尝试写出几个能被 2 整除和不能被 2 整除的数，并讨论能被 2 整除的数有什么特征，进而得出结论。而对"能被 5 整除的数的特征"的研究，教材的呈现方式更为丰富，学习方式也更能体现出学生的自主性。如图 4-22，先是用 0、4、5 这三个数字组成不同的三位数，并提问"这些数中，哪些能被 5 整除"，再提出更为开放和具有探究空间的问题"怎样研究能被 5 整除的数的特征"。与"能被 2 整除的数的特征"的教学方式不同，这里给出了具体研究路径，要求学生自主探究。另外，教学完"能被 2 整除的数的特征"后，教材紧接着安排了奇数与偶数的概念教学。

分别写出几个能被 2 整除和不能被 2 整除的数。
讨论：能被 2 整除的数有什么特征？

> 个位上是 0,2,4,6,8 的数，都能被 2 整除。

图 4-21

2. 用 0,4,5 这三个数字组成不同的三位数，这些数中，哪些能被 5 整除？

> 405　　　450　　　504　　　540

怎样研究能被 5 整除的数的特征？
研究步骤：
(1) 写出一些数，找出能被 5 整除的数。
(2) 观察能被 5 整除的数，找出共同的特征。
(3) 再写出一些能被 5 整除的数，看看是否有这样的特征。

> 个位上是 0 或 5 的数，都能被 5 整除。

图 4-22

思考 你觉得上述两版教材在引导学生探究特征时，有什么独特的地方？

比较两版教材引导学生探究特征的方式，可以得到如下结果。

1988 年版《现代小学数学》的特征获得过程比较直接。"想一想，这些数都能被几整除""这些数的个位上是几"这两个问题都直指特征本质，学生容易获得"这些数都能被 2 整除"，并聚焦个位数字展开分析。然而，由于问题的指向性较为明确，导致学生自主探究特征的空间相对被压缩了。

相对地，浙教 2008 年版教材将特征的获得过程拉长了，学生经历了"分类—举例—讨论—归纳—延伸"的全过程。先依据整除的定义，将 10 个数分成能被 2 整除和不能被 2 整除两类，复习了整除的相关知识；再让学生自主列举几个能被 2 整除和不能被 2 整除的数，目的是让学生进一步巩固整除概念；接着确定本节课的研究范围是能被 2 整除的数，并探讨这些数有什么特征；然后归纳特征；最后延伸到偶数与奇数的概念学习。其中，教材对特征的探索没有给出过多的提示，从而使得学生的体验更深，开放性更强。

另外，对于"能被 5 整除的数的特征"的探究，两版教材的处理方式各具特色。1988 年版《现代小学数学》中，"能被 5 整除的数的特征"的教学步骤与"能被 2 整除的数的特征"完全一致，主要是在教师的指导下，以问题引领的方式进行学习。而在浙教 2008 年版教材中，与"能被 2 整除的数的特征"的教学方法及教学步骤截然不同的是，教材在探究"能被 5 整除的数的特征"这一内容时，给出了具体的研究方向和研究步骤，即明确研究路径，让学生自主探究，重在研究方法的掌握。从这一点来看，浙教 2008 年版教材的设计更有利于培养学生的自主探究能力。

（3）如何引导学生理解偶数、奇数的概念

偶数与奇数的概念是建立在能否被 2 整除这一基础上的，且与"能被 2 整除的数的特征"这一知识息息相关。

如图 4-23，1988 年版《现代小学数学》分两个板块来介绍偶数与奇数：第一个板块介绍偶数和奇数的定义；第二个板块介绍偶数和奇数的特征，让学生在观察表格、回答问题中，自主发现并感悟偶数和奇数的特征。

偶数和奇数

自然数可以按能否被 2 整除分成两类。

能被 2 整除的数叫做偶数；不能被 2 整除的数叫做奇(jī)数。

观察下面表格后回答问题。

奇数	1	3	5	7	9	11	13	15……
偶数	2	4	6	8	10	12	14	16……

（1）在自然数中有没有既不是偶数，也不是奇数的数？

（2）在自然数中，最小的奇数和偶数各是几？

（3）偶数列、奇数列是有限的还是无限的？

（4）在自然数中除了 1 以外，每个奇数相邻的两个数，是奇数还是偶数？每个偶数相邻的两个数又是什么数？

图 4-23

浙教 2008 年版教材则比较简单地介绍了偶数和奇数的概念，并通过表格，列举了部分奇数和偶数（图 4-24）。

一个正整数，如果能被 2 整除，这个数叫做偶数；如果不能被 2 整除，这个数叫做奇(jī)数。

奇数	1	3	5	7	9	11	13	15	…
偶数	2	4	6	8	10	12	14	16	…

图 4-24

思考 你觉得上述两版教材在引导学生理解偶数和奇数的概念方面有什么不同？

✦ 概念界定时的数系范围不一样

1988 年版《现代小学数学》是这样描述的：自然数可以按能否被 2 整除分成两类。能被 2 整除的数叫作偶数；不能被 2 整除的数叫作奇数。浙教 2008 年版教材是这样描述的：一个正整数，如果能被 2 整除，这个数叫作偶数；如果不能被 2 整除，这个数叫作奇数。可见，1988 年版《现代小学数学》在界定概念时，其前提条件是在自然数范围内，而浙教 2008 年版教材的前提条件是在正整数范围内。那么，前后为什么会不一样呢？笔者查阅文献，发现于 1993 年颁布的中华人民共和国国家标准 GB 3100～3102—93《量和单位》规定，自然数包括 0。可见，在 1988 年，人们规定"自然数不包括 0"，而在浙教 2008 年版教材中，人们已经把 0 归为自然数，故在探讨整除时，一般指非零自然数，也就是正整数。因此，两个版本教材对概念的表述都是科学的。

✦ 1988 年版《现代小学数学》重视学生对偶数和奇数相关特征的理解

在 1988 年版《现代小学数学》中，提出了如下四个问题：① 在自然数中有没有既不是偶数，也不是奇数的数？ ② 在自然数中，最小的奇数和偶数各是几？ ③ 偶数列、奇数列是有限的还是无限的？ ④ 在自然数中除了 1 以外，每个奇数相邻的两个数，是奇数还是偶数？每个偶数相邻的两个数又是什么数？可见，这四个问题指向对偶数和奇数相关特征的理解。

（4）练习题有哪些类型

对练习题的比较主要有两类：一类是两版教材都出现的练习题类型比较；另一类是两版教材中类似的练习题类型比较。另外，由于两版教材中完全不一样的练习题类型较少，故对此不作比较。

✦ 两版教材共有的练习题类型比较

两版教材都出现的练习题类型有以下三种：① 给出一些数，判断这些数能否被 2 或 5 整除，并说明理由；② 举例说明能同时被 2 和 5 整除的数有什么特征；③ 给出一些数，判断是奇数还是偶数。

✦ 两版教材类似的练习题类型比较

两版教材都有一类练习题，即按要求用三个数字组成一个三位数。

1988 年版《现代小学数学》的练习题如图 4-25 所示：

5. 用 2，5，6 排成一个三位数，使它是 2 的倍数；再排成一个三位数使它是 5 的倍数。各有几种排法？

图 4-25

浙教 2008 年版教材的练习题如图 4-26 所示：

5. 用 0,1,5 这三个数字组成三位数。

(1) 能被 2 整除的数有（   ）。

(2) 能被 5 整除的数有（   ）。

(3) 既能被 2 整除，又能被 5 整除的数有（   ）。

图 4-26

两版教材中这类练习题的要求基本一致，都是按要求组成三位数，有利于学生进一步掌握能被 2 或 5 整除的数的特征；但两者的呈现方式和学习要求有所不同。1988 年版《现代小学数学》以提问的方式呈现，属于封闭式问题，且不利于学生在教材上书写；而浙教 2008 年版教材则以填空题的形式呈现，属于开放式的发散性问题，且便于学生在教材上书写。从这一点来看，浙教 2008 年版教材在这一类练习题的处理上显得更好一些。

三、香港地区两版不同时期教材的比较

香港地区较早就实行"一纲多本"，多样化的教材有利于学校根据自身情况自主选择适宜的教材。以下试图就"2、5 的倍数的特征"这一内容，对香港地区小学数学教材进行纵向比较。

1. 教材版本选取与教学年级、内容结构比较

（1）教材版本选取

笔者选取了两版教材，其中一版是由现代教育研究社于 1988 年出版的《现代数学》（以下简称 1988 年版《现代数学》），由余荣燊审定；另一版是《廿一世纪现代数学（修订版）》（以下简称廿一世纪版教材），也是由现代教育研究社出版。

（2）教学年级设置

1988 年版《现代数学》把"2、5 的倍数的特征"安排在第五册，即在三年级上册进行教学；廿一世纪版教材则将其安排在四年级上册进行教学。

1988 年版《现代数学》依据香港教育署 1983 年修订的《小学数学科课程纲要》编写，纲要明确规定"观察倍数（2～11 的倍数）在数表上的分布现象，研究

倍数的某些性质";廿一世纪版教材则依据2000年《数学课程指引(小一至小六)》编写[1]。两版教材就这一内容的年级设置均符合当时的课标要求。

(3)内容结构分析

两版教材虽然都由同一个出版社出版,但时隔20年,前后结构有着明显变化,下面试作具体分析。

1988年版《现代数学》的编写顺序:① 出示点子图,回忆2的几倍是几,3的几倍是几,5的几倍是几;② 列举2、3、5的倍数;③ 通过找倍数的游戏,发现10的倍数的分布情况及其个位数字的特征;④ 研究2的倍数在数表中的分布情况及其个位数字的特征;⑤ 研究5的倍数在数表中的分布情况及其个位数字的特征;⑥ 研究9的倍数在数表中的分布情况及其各位数字之和的特征;⑦ 练习题。

廿一世纪版教材的编写顺序:① 由"购物满50元就可以按一次数字灯"的活动引入;② 把数字灯中的各数排列成10行、10列的表格,研究亮灯的方格是2的倍数的数字特征;③ 研究亮灯的方格是3的倍数的数字特征;④ 在抽奖活动中研究5的倍数特征;⑤ 在抽奖活动中研究9的倍数特征;⑥ 在7行的表格中研究4的倍数特征及6的倍数特征;⑦ 练习题。

分析上面两版教材的结构,发现主要有以下两点不同。

✦ 两版教材涵盖的教学内容不同

1988年版《现代数学》是将"2、5的倍数的特征"这一内容置于"倍数"单元进行学习,且教材分两个单元教学倍数。其中,第一个单元涉及10、2、5、9、11等数的倍数,第二个单元涉及3、4、6、7、8等数的倍数,教材严格按照课标要求,落实2~11的倍数特征的教学。廿一世纪版教材中用2或3个课时进行教学,并删除了7、8、11的倍数相关内容,只涉及2、3、5、9、4、6、10等数的倍数。

✦ 两版教材知识点的编排顺序不同

---

① 课程教材研究所. 20世纪中国中小学课程标准·教学大纲汇编: 数学卷 [M]. 北京: 人民教育出版社, 2001.

1988 年版《现代数学》先教学 2 和 5 的倍数特征，再教学 3 的倍数特征；而廿一世纪版教材则是先教学 2 和 3 的倍数特征，再教学 5 的倍数特征。

思考 你觉得先教学 2 和 5 的倍数特征，再教学 3 的倍数特征比较好，还是先教学 2 和 3 的倍数特征，再教学 5 的倍数特征比较好？

2. 教材引入方式与特征探索比较

（1）如何引入主题

两版教材在引入部分的差异较大。

如图 4-27，1988 年版《现代数学》先出示三种形式的图表，分别是 2 的几倍数的点子图，3 的"家庭数列"以及 5 的倍数表。通过多元素材的呈现，让学生回忆 2 的几倍数是几，并尝试理解怎样的数是 2、3、5 的倍数。由"几倍数"切入，再上升到"倍数"，这样的引入方式注重知识之间的内在联系，遵循知识的逻辑起点，有利于学生学习。

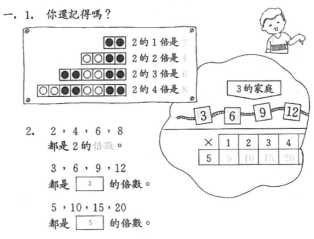

图 4-27

如图 4-28，廿一世纪版教材从数字灯活动引入，巧妙地将 2 的倍数赋予数字灯这一生活原型，即购物满 50 元就可获得一次按数字灯的机会，并结合十行表探究 2 的倍数特征。这种结合生活情境引入新知的方式符合当时倡导的"数学问题生活化"这一理念，有效激发了学生的学习兴趣。

3 數字燈

西餅店正進行週年紀念活動，凡購物滿 50 元，便可按一次數字燈，中獎者可獲得一份禮物。

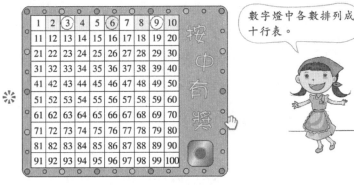

數字燈中各數排列成十行表。

图 4-28

（2）如何引导学生理解 2、5 的倍数特征

如图 4-29，1988 年版《现代数学》利用百数表，要求学生把 2 的倍数涂上颜色，并通过观察表格，讨论分析以下四个问题：2 的倍数的分布情况如何？ 每隔几个直行会出现 2 的倍数？ 2 的倍数的个位数字都是什么？ 2 的倍数都是双数吗？另外，5 的倍数特征的教学步骤基本与 2 的倍数特征一致（图 4-30）。

1. 在下表中，把 2 的倍數填上顏色：

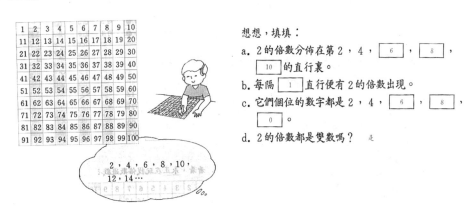

想想，填填：

a. 2 的倍數分佈在第 2，4，[6]，[8]，[10] 的直行裏。

b. 每隔 [1] 直行便有 2 的倍數出現。

c. 它們個位的數字都是 2，4，[6]，[8]，[0]。

d. 2 的倍數都是雙數嗎？ 是

2，4，6，8，10，12，14…

图 4-29

2. 在下表中，把 5 的倍数填上颜色：

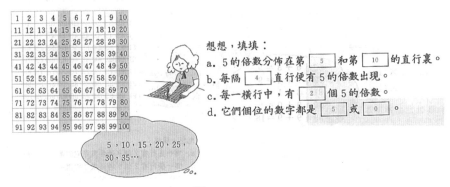

图 4-30

廿一世纪版教材从按数字灯的活动引入，把数字灯排列成十行表。如图 4-31，首先探究 2 的倍数特征，教材提供了三个研究步骤：一是在十行表中，把 2 的倍数涂上黄色；二是提问共有几个直行是 2 的倍数；三是提问 2 的倍数中，个位的数字有什么特别之处。紧接着研究 3 的倍数特征，研究过程（图 4-32）与 2 的倍数特征几乎相同。

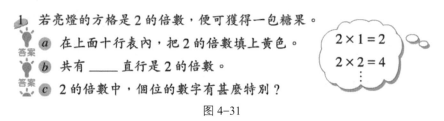

图 4-31

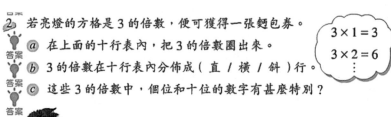

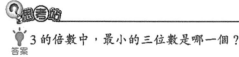

图 4-32

对于 5 的倍数特征的研究，廿一世纪版教材以抽奖活动引入，再次借助十行表，并基于三个研究步骤探究 5 的倍数特征（图 4-33）。

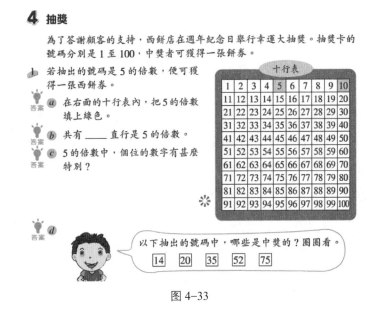

图 4-33

思考 你觉得上述两版教材在引导学生探究 2、5 的倍数特征的过程中，有什么相同与不同的地方？

分析上述两版教材对 2、5 的倍数特征的探究过程，我们可以发现以下共同点。

其一，两版教材都以百数表为探究素材。"10×10"的百数表对探究 2、5 的倍数来说比较直观，有利于学生快速找到 2 的倍数和 5 的倍数，且 10 行、10 列横纵排列的表格有利于学生发现数的分布情况及其内在规律。另外，内地多版教材中也都出现了百数表，可见"百数表有利于探究数字的倍数特征"已经成为大家的共识。

其二，两版教材都没有明确定义 2、5 的倍数特征。从上文对内地多版教材的分析中，我们均能看到教材对 2、5 的倍数特征作了完整描述，而香港地区的两版教材中都没有对其作出完整描述。特别地，在廿一世纪版教材中，只提到"2 的倍数中，个位的数字有什么特别""5 的倍数中，个位的数字有什么特别"。可见，香港地区的两版教材将特征的总结完全交给学生自己来完成，探究空间较大。当然，在特征探索方面，教材还是给出了比较清晰的指导步骤。

除了上述两点共性之外，两版教材在探究过程中还有着各自鲜明的特点。

1988 年版《现代数学》重视数的倍数在百数表中的分布情况，引导学生发现规律。以 2 的倍数特征为例，教材在"想想，填填"板块中提出了四个问题，其中前面三个问题均是填空的形式。第一个问题是"2 的倍数分布在第 2、4、（　）、（　）、（　）的直行里"，问题导向性明确，引导学生按列来观察，即纵向观察，使得学生能较容易地发现个位数字的特征，为之后的归纳并理解特征做铺垫。第二个问题是"每隔（　）直行便有 2 的倍数出现"，暗含 2 的倍数是 2 个 2 个增加的。第三个问题是"它们个位的数字都是 2、4、（　）、（　）、（　）"，旨在让学生通过观察发现特征，并自主提炼特征。第四个问题是"2 的倍数都是双数吗"，将 2 的倍数与双数建立联系，帮助学生更好地理解 2 的倍数。需要指出的是，教材将这部分知识放在"倍数"单元教学，此时还没有涉及偶数和奇数的概念。分析这四个问题，可以明显感受到教材对这一内容的教学采用"小步子、长过程"的方式展开。

廿一世纪版教材在内容的编排上与 1988 年版《现代数学》有着明显的差异。廿一世纪版教材在教学"2、5 的倍数的特征"过程中，穿插教学"3 的倍数的特征"，而 1988 年版《现代数学》则把"3 的倍数的特征"放入下一单元学习。

思考 你觉得廿一世纪版教材为什么将"3 的倍数的特征"编排在"2 的倍数的特征"之后，在"5 的倍数的特征"之前呢？

另外，廿一世纪版教材比较注重知识的及时应用。如图 4-34，在研究 3 的倍数特征过程中，我们可以看到教材提出了这样的问题：如果你按得 6 号，你会选择哪一份礼物呢？这个问题对学生来说具有一定的挑战性，因为 6 既是 2 的倍数，又是 3 的倍数，需要学生综合应用 2 的倍数与 3 的倍数相关知识，从而得到两份礼物都可以选。

如果你按得 6 號，你會選擇哪一份禮物呢？

图 4-34

另外，在"5 的倍数的特征"教学中也出现了类似的问题（图 4-35）：以下抽出的号码中，哪些是中奖的？圈圈看。这一问题实际上是引导学生利用 5 的倍数特征对一些数作出判断，看看这些号码（数）是不是 5 的倍数，如果是，就证明能中奖。而在 1988 年版《现代数学》中，只有新知的呈现，没有对新知作进一步运用。从这一点来看，廿一世纪版教材更加注重对知识的巩固与应用。

以下抽出的號碼中，哪些是中獎的？圈圈看。

14　20　35　52　75

图 4-35

需要说明的是，由于 1988 年版《现代数学》和廿一世纪版教材都没有出现"2、5 的倍数的特征"相关练习，故不作比较。

第二节　教材横向比较研究

在前一节中，按时间的先后顺序对部分教材进行了纵向比较研究，本节将从不同角度对同一时期现行的四版教材作横向比较，试图发现不同版本教材在"2、5 的倍数的特征"这一内容上的编写特点。

一、教材版本选取与教学年级、内容结构比较

1. 教材版本选取

我们选取了北师大版教材、苏教版教材、青岛版教材（六三制）、西南师大版教材，具体如表 4-1 所示。

表 4-1　四版教材介绍

序号	主编	出版社	简称
1	刘坚、孔企平、张丹	北京师范大学出版社	北师大版教材
2	孙丽谷、王林	江苏凤凰教育出版社	苏教版教材
3	展涛	青岛出版社	青岛版教材
4	宋乃庆	西南师范大学出版社	西南师大版教材

2. 教学年级设置

思考 你认为学生在哪个年级学习"2、5 的倍数的特征"比较合适？

纵观历史，国内外不同版本的教材对"2、5 的倍数的特征"这一内容的教学年级设置并不一致，出现过将其安排在三上、四下、五上、五下等不同情况。《课标 2011 年版》颁布之后，教材也相应作出了调整，具体如表 4-2 所示。

表 4-2 "2、5 的倍数的特征"在四版教材中的分布

版本	册次及页码
北师大版教材	第九册第 33 ~ 34 页
苏教版教材	第十册第 32 ~ 33 页
青岛版教材	第九册第 92 ~ 93 页
西南师大版教材	第十册第 5 ~ 6 页

分析发现，四版教材都把"2、5 的倍数的特征"放在"因数与倍数"单元中。之所以大多数教材把"2、5 的倍数的特征"放到小学高段学习，主要是考虑到这一内容的教学具有探索性，对学生思维水平的要求较高，而小学高年级学生已具备一定的逻辑分析能力，抽象能力也正处上升期，因此将其放在小学高段学习比较合适。

3. 内容结构分析

"2、5 的倍数的特征"教学内容涉及 2 的倍数特征、5 的倍数特征、偶数和奇数的概念，以及利用 2、5 的倍数特征解决问题等。不同版本教材对这些内容的学习要求各有侧重，且编写者对内容的处理以及学习序列的安排也有着不同的考量。四版教材对"2、5 的倍数的特征"的内容结构设置具体如表 4-3 所示。

表 4-3 四版教材对"2、5 的倍数的特征"的内容结构设置

版本	内容结构
北师大版教材	① 出示百数表，在百数表中圈出 5 的倍数，提问学生有什么发现 ② 向同伴解释自己的发现 ③ 从百数表中找出 2 的倍数，说一说这些数有什么特征 ④ 揭示偶数和奇数的概念 ⑤ 练习题

（续表）

版本	内容结构
苏教版教材	① 出示百数表，在 5 的倍数上画"△"，在 2 的倍数上画"○" ② 概括 5 的倍数特征和 2 的倍数特征 ③ 揭示偶数和奇数的概念 ④ 练习题
青岛版教材	① 出示圆圈舞、交谊舞、叠罗汉的队形图，引导学生自主提问 ② 探究核心问题：交谊舞和圆圈舞表演可以分别选派多少人参加 ③ 探究选派交谊舞的人数（2 的倍数）和圈圈舞的人数（5 的倍数）各有什么特征 ④ 借助百数表展开研究，将 2 的倍数涂成黄色，将 5 的倍数涂成红色，并归纳特征 ⑤ 揭示偶数和奇数的概念 ⑥ 聚焦选派叠罗汉表演的人数，探究 3 的倍数特征 ⑦ 练习题
西南师大版教材	① 直接提问：2 的倍数有哪些 ② 揭示偶数和奇数的概念 ③ 试一试：给出一些数，判断哪些数是 2 的倍数，并归纳 2 的倍数特征 ④ 直接提问：5 的倍数特征是什么 ⑤ 归纳 5 的倍数特征 ⑥ 试一试：给出一些数，判断哪些数是 5 的倍数 ⑦ 练习题

比较上述四版教材的内容结构，可将其分为两类：一类是先教学 5 的倍数特征，再教学 2 的倍数特征，如北师大版教材与苏教版教材；另一类是先教学 2 的倍数特征，再教学 5 的倍数特征，如青岛版教材与西南师大版教材。特别是青岛版教材，其教学内容的密度更大，把 3 的倍数特征也纳入"2、5 的倍数的特征"这一课时中一起教学。

二、教材引入方式、特征探索与拓展练习比较

1. 如何引入主题

"2、5 的倍数的特征"一课属规律探索型课程，因此如何引导学生快速进入探究学习状态成了研究的重点。笔者尝试分析四版教材的引入部分，探析其相同点与不同点，以期给教师教学带来一定的启发。北师大版教材、苏教版教材、青岛版教材、西南师大版教材的引入部分分别如图 4-36、图 4-37、图 4-38、图 4-39 所示。

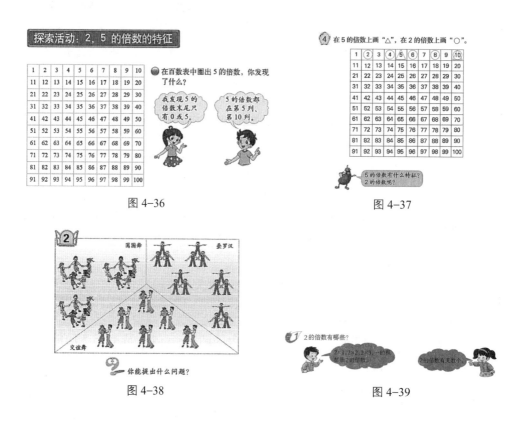

图 4-36

图 4-37

图 4-38

图 4-39

思考 你觉得上述四版教材的引入部分有什么相同与不同的地方？

从图中不难看出，四版教材的引入部分不完全相同，但有类似的地方。例如，北师大版教材与苏教版教材都重视学生的动手操作，两版教材都是直接呈现百数

表，让学生在百数表中圈出 5 的倍数，为后续发现 5 的倍数特征埋下伏笔。

青岛版教材与西南师大版教材在引入部分也有类似的地方，两版教材都是从问题引入。青岛版教材注重联系实际生活，呈现一幅舞蹈队形主题图，让学生根据主题图自主提问。这样的引入方式结合学生的生活实际，符合学生的生活经验，能有效激发学生学习的兴趣。相对地，西南师大版教材直接提问"2 的倍数有哪些"，开门见山，直奔主题。

2. 如何引导学生探究 2、5 的倍数特征

对 2、5 的倍数特征的探究，实际上就是对规律的探究。下面，具体分析四版教材如何引导学生探索 2、5 的倍数特征。

北师大版教材在引入部分直接出示百数表，让学生圈出 5 的倍数，并提问"你发现了什么"。进一步，提出更高层次的问题（图 4-40）：你能向同伴解释一下你的发现吗？在探索得到 5 的倍数特征之后，紧接着教学 2 的倍数特征。

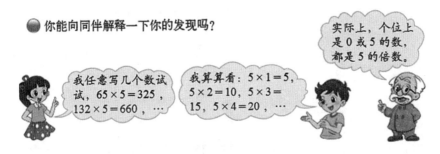

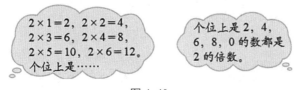

图 4-40

苏教版教材也是直接呈现百数表，让学生同时找出 2 的倍数和 5 的倍数，接着以问题的方式引领学生思考 5 的倍数有什么特征，2 的倍数有什么特征，并归纳特征（图 4-41）。

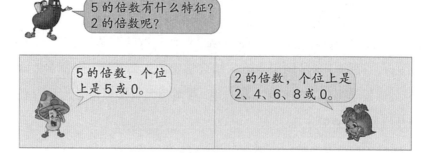

图 4-41

青岛版教材由生活中的舞蹈队形引入，并引导学生提出：交谊舞和圆圈舞表演可以分别选派多少人参加？学生围绕这一问题展开对 2 的倍数特征和 5 的倍数特征的探究（图 4-42）。在探索得到 2、5 的倍数特征之后，紧接着探究 3 的倍数特征（图 4-43）。

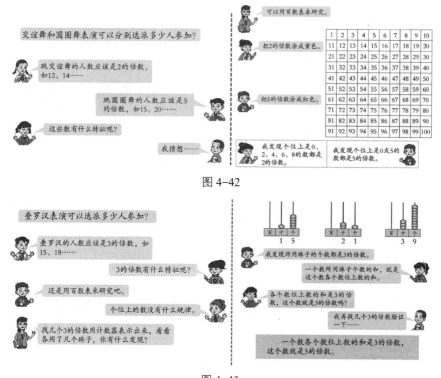

图 4-42

图 4-43

如图4-44，西南师大版教材在直接提出"2的倍数有哪些"这一问题之后，就揭示了偶数和奇数的概念，然后通过问题引领的方式引导学生探究2、5的倍数特征。

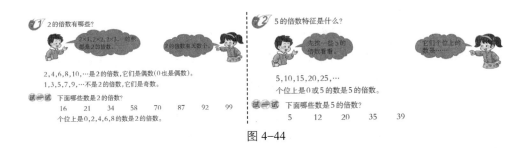

图 4-44

思考 上述四版教材在探索 2、5 的倍数特征的过程中，有什么相同和不同的地方？

（1）相同点

首先，四版教材对特征的描述基本一致。在第二章对上位知识进行梳理时，已详细说明了 2、5 的倍数特征是什么，以及为什么会有这样的特征。并且，明确了 2 的倍数特征的本质属性主要有以下两条：其一，个位上是 0、2、4、6、8 的数一定是 2 的倍数；其二，是 2 的倍数的数，其个位数字一定是 0、2、4、6、8 中的一个。同理，5 的倍数特征也是这样描述的。另外，在上一节对不同时期的教材作纵向比较时，发现直到《课标 2011 年版》颁布之后，教材对特征的表述才相对统一。四版教材中，青岛版教材和西南师大版教材的表述完全一致，即：个位上是 0、2、4、6、8 的数（都）是 2 的倍数；个位上是 0 或 5 的数（都）是 5 的倍数。北师大版教材和苏教版教材则统一将"0"放在"2、4、6、8"之后，且两者的语序稍有不同。北师大版教材这样描述：个位上是 2、4、6、8、0 的数都是 2 的倍数；苏教版教材这样描述：2 的倍数，个位上是 2、4、6、8 或 0。可见，四版教材在对概念的表述上都突出其本质属性，语言精练，通俗易懂。

其次，四版教材对探究素材的选择也比较一致。在规律探寻的课程中，如果能够给学生提供直观、合理的素材，那么将有利于探究活动的开展。除西南师大版教材之外，其他三版教材都借助百数表来帮助学生探索规律。百数表在探究 2、

5的倍数特征方面有两大优势：一是直观，易于发现数的特征；二是操作方便，学生可以直接在表上圈圈画画，减轻教师为学生准备学具的压力。

（2）不同点

✦北师大版教材在探究过程中注重学生的多元表征

以探究5的倍数特征为例，北师大版教材提出这样一个问题：你能向同伴解释一下你的发现吗？这是一个极具开放性的问题，学生要如何"解释"？也就是说，学生要如何"表征"？教材提供了两种不同的表征路径：其一，任意写几个数试一试，可以是两位数或三位数，甚至更大的数，计算这个数乘5后的结果，并观察积的个位有什么特征；其二，从5的1倍开始，依次计算5的几倍数，观察积的个位特征。最后，自然而然地归纳得到5的倍数特征。

✦苏教版教材以"大问题"引领学生探究

苏教版教材没有过多的文字描述，只以一个"大问题"为引领展开探究：5的倍数有什么特征？2的倍数呢？与其他三版教材不同的是，苏教版教材将2、5的倍数特征的探寻同时进行，且进一步探究"什么样的数既是5的倍数，又是2的倍数"，从而引出10的倍数特征；而其他三版教材都没有涉及对10的倍数特征的探究。

✦青岛版教材注重探究路径的设计

对数学规律的探寻一般要经历这样的过程：发现问题—提出问题—形成猜想—验证猜想—归纳总结。青岛版教材在"合作探索"环节提出"交谊舞和圆圈舞表演可以分别选派多少人参加"这一问题，并以人物对话的形式呈现结果，如"跳交谊舞的人数是2的倍数，如12、14……"。接着，提出问题"这些数有什么特征呢"，让学生形成猜想，并提供百数表引导学生自主探究，以验证猜想是否正确。最后，归纳总结2、5的倍数特征。特别地，青岛版教材要求让学生自主探索的内容也是最多的，在同一课时内还要求探索3的倍数特征。

✦西南师大版教材注重知识的迁移学习

在西南师大版教材中，能够明显地看到2的倍数特征的教学路径与5的倍数特征较为一致。特别是在呈现方式上，两者完全一致，都分为两个板块，每个板块又都分为两个环节。第一个环节是"提出问题"，如"2的倍数有哪些"；第二个环节是"试一试"，如"判断哪些数是 2 的倍数"，并归纳特征。紧接着，迁移 2 的倍数特征的学习经验，自主探究 5 的倍数特征。这样的设计，对于学生感悟并形成学习方法有着潜移默化的作用。

3. 习题有哪些类型

四版教材都设置了相应的针对性练习，主要是巩固新知。下面，从四版教材都出现的练习题类型和各自特有的练习题类型两方面作具体分析。

首先，四版教材中共有的练习题类型主要有以下三类：① 判断哪些数是 2 的倍数或 5 的倍数；② 判断哪些数是奇数，哪些数是偶数；③ 利用 2、5 的倍数特征解决问题。

其次，四版教材都有其特有的练习题类型。北师大版教材比较注重学生的说理过程，重视学生的数学表达。如图 4-45，在"练一练"中，教材共设计了 6 道练习题，其中 3 道都是说理题。青岛版教材比较注重数学知识与日常生活的联系，不仅在新知教学中以舞蹈队列的生活情境引入，在练习部分也凸显利用 2、5 的倍数特征来解决日常生活中的问题（图 4-46）。苏教版教材（图 4-47）和西南师大版教材（图 4-48）特别设置了综合练习，让学生综合运用 2 的倍数特征和 5 的倍数特征来解决问题，且相较之下，西南师大版教材中的练习设置更具趣味性。

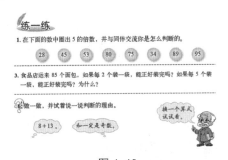

图 4-45

4. 下面是"趣味行走"比赛报名统计表。

项目			
报名人数	35	45	50

哪些项目的报名人数分组后没有剩余？

图 4-46

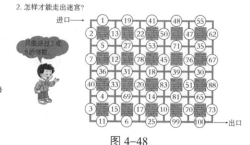

2. 怎样才能走出迷宫?

只能经过2或5的倍数。

图 4-48

1. 下面的数，哪些是 5 的倍数？哪些是 2 的倍数？哪些既是 5 的倍数，又是 2 的倍数？

12   25   48   60   72   90

图 4-47

4. 编排了哪些拓展练习或实践活动

四版教材都相应地编排了一些拓展练习或实践活动，有的直接编排在本课时之后，有的则编排在本单元练习中。

（1）拓展练习

青岛版教材以"※"的形式作区分，编排了一道综合运用 2、5 的倍数特征来解决的拓展练习（图 4-49）；西南师大版教材以"思考题"的形式编排了一道综合运用 2、3、5 的倍数特征来解决的拓展练习（图 4-50）；北师大版教材以"问号题"的形式编排了一道 9 的倍数特征拓展练习（图 4-51），不仅探究倍数特征，还探究其排列特征，渗透了数形结合思想。这样的拓展练习有利于培养学生的应用意识，提高解决问题的能力。

※11. 一筐苹果有若干个（少于100个），2个2个地数正好数完，5个5个地数也正好数完。这筐苹果可能有多少个？

图 4-49

鸡蛋最多有多少个？

图 4-50

4.在百数表中找出9的倍数，并涂上颜色。

1	2	3	4	5	6	7	8	9	10
11	12	13	14	15	16	17	18	19	20
21	22	23	24	25	26	27	28	29	30
31	32	33	34	35	36	37	38	39	40
41	42	43	44	45	46	47	48	49	50
51	52	53	54	55	56	57	58	59	60
61	62	63	64	65	66	67	68	69	70
71	72	73	74	75	76	77	78	79	80
81	82	83	84	85	86	87	88	89	90
91	92	93	94	95	96	97	98	99	100

（1）观察9的倍数，它们有什么特征？

（2）这些数的排列有什么特征？与同伴说说你的想法。

（3）如果左表扩充到200，并找出99后面是9的倍数的数，它们将在表中的什么位置？做一做，检验你的答案。

图 4-51

（2）实践活动

苏教版教材以"探索与实践"的形式引导学生探究9的倍数特征，并给出了研究路径，这是学习了2、3、5的倍数特征之后的一个拓展性实践活动（图4-52）。青岛版教材以"课外实践"的形式引导学生探究9的倍数特征，虽然没有给出明确的研究路径，但指明了研究方向，即要求学生像研究2、3、5的倍数特征那样来研究9的倍数特征，并提出了更高的要求——将探索的方法、过程和结论记录下来，尝试形成一篇数学小论文（图4-53）。这样的实践活动有利于培养学生综合运用知识的能力，发展探究意识，提高探究能力和问题解决能力。

探索与实践

13.在下面各数中找出9的倍数，算出它们各位上的数的和。

72　　81　　88　　99　　297　　300

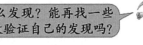

你有什么发现？能再找一些9的倍数验证自己的发现吗？

图 4-52

课外实践

你已经知道2、3、5的倍数的特征了，你能找出9的倍数的特征吗？

将探索的方法、过程和结论记录下来，就是一篇数学小论文了。试试看！

图 4-53

第五章　学生实证研究

我们思考，学生在学习"2、5 的倍数的特征"一课之前已经知道了哪些内容？在学习过程中会遇到哪些问题？学生当前的思维理解水平是怎样的？学生学完之后的知识掌握情况如何？学生会如何应用这些知识来解决问题？为了弄清楚这些问题，需要对学生进行实证研究。

本章将从以下三方面展开论述：一是明晰学生在学习"2、5 的倍数的特征"一课之前已具备了哪些基础知识和基本技能；二是确定学生对于 2 的倍数特征的思维水平层次；三是通过一道题的研究，了解学生在学习"2、5 的倍数的特征"一课之后是如何运用这一知识来解决问题的，以此探讨学生解决问题的策略。

第一节　学生已有的基础知识与基本技能分析

一、确定前测考查内容

思考 你觉得要了解学生在学习"2、5 的倍数的特征"之前已具备了哪些基础知识和基本技能，前测中应主要考查哪些知识与技能？

"2、5 的倍数的特征"主要涉及 2 的倍数特征、5 的倍数特征，以及如何运用这些特征来解决问题等方面的知识与能力，因此前测要围绕这些内容来进行设计。

二、前测设计

前测卷主要包括两部分内容。

第一部分是引导语，即在开头部分对此次测试作相关说明，包括说明测试目的，明确测试方法和测试时间，同时消除学生的紧张情绪。

例如，"2、5 的倍数的特征"的前测引导语可以这样写：

亲爱的同学们，我们在数学课上已经认识了很多数，知道了一些数的特征，也学习了整除。你可能知道一些关于能被 2、5 整除的数的特征，或者什么都不知道，这都没有关系。以下你要做的这些题目并不会计入你的考试成绩，老师主要是想了解你们现在已经知道了什么。请你用 20 分钟的时间回答下面的问题，如果你有钢笔或其他笔，那么就请你尽量不要用铅笔书写。

第二部分是试题，这部分内容是前测的核心。在明确了"2、5 的倍数的特征"前测所要考查的知识点与技能后，就可以据此来命题。例如，"2、5 的倍数的特征"前测试题可以这样设计。

"能被 2、5 整除的数的特征"前测卷（部分）

1. 下面哪些数能被 2 整除？请你说明理由。

　　　　16　　25　　30　　65　　427　　56　　714

能被 2 整除的数有：_____。

理由是：_____。

2. 下面哪些数能被 5 整除？请你说明理由。

　　　　40　　76　　85　　270　　653　　1210　　506

能被 5 整除的数有：_____。

理由是：_____。

3. 把下列各数按要求填在相应的圈内。

　　96　　53　　281　　538　　179　　4052　　977

　　　　　奇数　　　　　　　　　　　　　　偶数

4. 用 0、4、5 这三个数字组成不同的三位数。

这些数中，能被 2 整除的数有：_____。

这些数中，能被 5 整除的数有：_____。

这些数中，能同时被 2 和 5 整除的数有：_____。

5. 把下面的数按能不能被 2 整除分成两类。

72　　236　　39　　137　　302　　16　　80　　53　　61　　405

能被 2 整除	不能被 2 整除

观察能被 2 整除的数，你能发现能被 2 整除的数的特征吗？请用自己的话写一写，越详细越好。

_____

6. 请你根据下面的要求试着研究能被 5 整除的数的特征。

（1）请你写出一些整数，然后圈出能被 5 整除的数。

我写的数是：_____。

（2）观察这些能被 5 整除的数，它们有什么共同特征？

_____

（3）再写出一些能被 5 整除的数，看看这些数是否也有这样的特征。

我写的数是：_____。

将第一部分与第二部分的内容整合在一起，就形成了一张完整的前测卷。特别地，为了便于之后访谈工作的开展，也可要求学生写明学校、班级、姓名、性别等信息。

三、前测实施

教师完全可按照平时的测试要求对学生展开前测，唯一需要明确的是：由于多数考查的知识点是学生还没有学过的,因此必须告知学生要实事求是地作答,让学生根据自己的理解,能写多少就写多少,能写多详细就写多详细。并且,测试过程中不能交头接耳,或互相讨论,一定要独立完成。

四、前测结果分析

实施前测后,需要对前测结果作详细分析,相当于试卷分析。首先要统计数据,包括正确人数、正确率、错误人数、错误率等内容,然后结合数据与学生作答情况,作更为深入的分析。例如,下面是对上文中"'能被 2、5 整除的数的特征'前测卷(部分)"的测试结果分析示例。

"能被 2、5 整除的数的特征"前测结果分析

为了更好地把握学生已有的知识基础与学情差异,制订适合学生认知规律的教学设计,我们对 120 名四年级学生进行了前测,测试结果分析如下。

测试内容:本测试主要针对以下三方面进行测查。一是了解学生是否知道能被 2、5 整除的数的特征,以及为什么会有这样的特征,如前测卷第 1~4 题;二是了解学生是否具有推理并归纳特征的能力,如前测卷第 5 题;三是了解学生是否已具有自主研究能被 5 整除的数的特征的能力,如前测卷第 6 题。

测试对象:我们选取某地区 120 名四年级学生进行前测,这些学生分别来自杭州市两所较为优质的学校,每所学校随机选择两个班级进行测试。并且,两所学校均使用浙教版新思维小学数学教材,学生在此之前已经学习了整除,对整除概念已有一定了解。

测试过程:测试统一安排在 2018 年 3 月上旬的某一天,在学生不知情的情况下,由任课教师协助完成。测试前,没有给学生任何的解题提示,任课教师也不指导学生读题,直接让学生独立解答。如果学生已完成作答,那么就可以把测试卷交给任课教师。学生在解题过程中,没有出现讨论与交流的情况,测试结果能基本反映学生在自然条件下独立解答此类问题的水平。

测试后,我们对学生的作答情况进行初步整理,对他们的认知水平进行划分

并作归类分析，具体如下。

前测题 1 的分析结果如表 5-1 所示。

表 5-1　前测题 1 的分析结果

前测内容	水平层次	层次标准	人数	占比
下面哪些数能被 2 整除 16　25　30　65 427　56　714	水平 0	不能正确判断哪些数能被 2 整除	6	5%
	水平 1	能正确判断哪些数能被 2 整除	114	95%
请你说明理由	水平 0	未作答	2	1.7%
	水平 1	能运用倍数或整除的概念进行说理，认为如果一个数除以 2 没有余数，那么这个数就能被 2 整除	27	22.5%
	水平 2	学生从感性经验出发，从一个数的整体结构上进行说理，认为偶数或双数能被 2 整除	82	68.3%
	水平 3	能直接用特征进行说理，认为个位是 0、2、4、6、8 的数都能被 2 整除	9	7.5%

从表 5-1 中可以看出，95% 的学生能正确判断哪些数能被 2 整除，只有 5% 的学生不能正确判断。特别地，做错的这 6 名学生并不是全然不会判断，而是出现了遗漏的情况。在说明理由时，发现学生对能被 2 整除的数的特征是有所了解的，而了解的程度呈现出明显的差异。其中，达到水平 1 的学生占 22.5%，达到水平 2 的学生占 68.3%，可见绝大多数学生对特征的理解还停留在感性经验上。学生或基于整除的概念进行判断，如 $30 \div 2 = 15$，没有余数，所以 30 能被 2 整除；或从数的整体结构上来判断，如 56 是双数（偶数），2 个 2 个地数，没有剩余，所以 56 能被 2 整除。而达到水平 3 的学生只有 7.5%，另有 1.7% 的学生对能被 2 整除的数的特征一无所知。

前测题 2 的分析结果如表 5-2 所示。

表 5-2　前测题 2 的分析结果

前测内容	水平层次	层次标准	人数	占比
下面哪些数能被 5 整除 40　76　85　270 653　1210　506	水平 0	不能正确判断哪些数能被 5 整除	8	6.7%
	水平 1	能正确判断哪些数能被 5 整除	112	93.3%
请你说明理由	水平 0	未作答	8	6.7%
	水平 1	能运用整除的概念进行说理，认为如果一个数除以 5 没有余数，那么这个数就能被 5 整除	30	25%
	水平 2	能直接用特征进行说理，认为个位是 0 或 5 的数一定能被 5 整除	82	68.3%

从表 5-2 中可以看出，93.3% 的学生能正确判断哪些数能被 5 整除，6.7% 的学生不能正确判断，且错误原因也是存在遗漏的情况。在说明理由时，发现学生对能被 5 整除的数的特征的了解程度要比能被 2 整除的数的特征高很多，大部分学生能从本质上进行说理，占 68.3%，另有 6.7% 的学生对能被 5 整除的数的特征一无所知。

前测题 3、前测题 4 的分析结果如表 5-3 所示。

表 5-3　前测题 3、前测题 4 的分析结果

前测内容	作答情况	人数	占比
把下列各数按要求填在相应的圈内 96　53　281　538　179　4052　977 奇数　　　　　　　偶数	正确	109	90.8%
	错误	11	9.2%

（续表）

前测内容		作答情况	人数	占比
用 0、4、5 这三个数字组成不同的三位数	能被 2 整除	正确	97	80.8%
		错误	23	19.2%
	能被 5 整除	正确	99	82.5%
		错误	21	17.5%
	能同时被 2 和 5 整除	正确	105	87.5%
		错误	15	12.5%

从表 5-3 中可以看出，绝大多数学生对奇数、偶数的概念比较清楚。在"用 0、4、5 这三个数字组成不同的三位数"这一综合应用中，三道小题的正确率均超过了 80%。此题不仅考查学生综合应用知识的能力，还考查学生有序思考的能力。结果表明，大部分学生已能进行知识的综合应用，且具有一定的有序思考能力。

前测题 5 的分析结果如表 5-4 所示。

表 5-4　前测题 5 的分析结果

前测内容	水平层次	层次标准	人数	占比
把下面的数按能不能被 2 整除分成两类 72　236　39　137　302 16　80　53　61　405 能被 2 整除 不能被 2 整除	水平 0	不能正确分类	4	3.3%
	水平 1	能正确分类	116	96.7%

（续表）

前测内容	水平层次	层次标准	人数	占比
观察能被 2 整除的数，你能发现能被 2 整除的数的特征吗？请用自己的话写一写，越详细越好	水平 0	未作答	11	9.2%
	水平 1	能写出一串连续的偶数，只能发现数与数之间的关系，尚不能从本质上概括出能被 2 整除的数的特征	4	3.3%
	水平 2	学生从感性经验出发，得到偶数（双数）都能被 2 整除，但没有关注到个位，不能归纳出能被 2 整除的数的特征	64	53.3%
	水平 3	能从个位展开说明，发现个位上的数能被 2 整除，但不能对特征进行整体归纳	15	12.5%
	水平 4	能归纳概括出能被 2 整除的数的特征	26	21.7%

调查发现，将各个数按能否被 2 整除进行分类，学生的正确率较高，但在对特征的归纳概括方面，学生的水平差异较大。其中，9.2% 的学生无从入手；3.3% 的学生能写出一串连续的偶数，如 6、8、10、12，但只能发现数与数之间的关系，认为能被 2 整除的数都是 2 个 2 个依次增加的；53.3% 的学生能根据已有经验，基于数的整体结构，得到能被 2 整除的数都是双数或偶数，但没有关注到个位，无法对特征进行归纳概括；12.5% 的学生能从个位展开说明，发现个位上的数能被 2 整除，如"个位上的数是双数的，这个数就能被 2 整除"，但无法对特征进行整体性归纳；只有 21.7% 的学生能紧紧抓住特征的本质属性进行归纳概括，如"个位是 0、2、4、6、8 的数都能被 2 整除""凡是能被 2 整除的数，末尾都是 0、2、4、6、8 中的一个"。

前测题 6 的分析结果如表 5-5 所示。

表5-5　前測題6的分析結果

前測內容	水平層次	層次標準	人數	占比
請你寫出一些整數，然後圈出能被5整除的數	水平0	能寫出一些整數，但不能全部圈出能被5整除的數	7	5.8%
	水平1	能寫出一些整數，並能全部圈出能被5整除的數	113	94.2%
觀察這些能被5整除的數，它們有什麼共同特徵	水平0	未作答	3	2.5%
	水平1	只知道這些數都是5的倍數，但不會歸納概括特徵	9	7.5%
	水平2	根據整除的含義，知道一個能被5整除的數加5後，就是下一個能被5整除的數	8	6.7%
	水平3	只能發現末尾是0的數或整十數能被5整除，但不能從個位入手，歸納概括出能被5整除的數的特徵	16	13.3%
	水平4	能正確歸納概括特徵，即：個位上是0或5的數，都能被5整除	84	70%
再寫出一些能被5整除的數，看看這些數是否也有這樣的特徵	水平0	只能寫出個位是0的數	12	10%
	水平1	能同時寫出個位是0和5的數	108	90%

　　從表5-5中可以看出，教師設計了三個問題，讓學生通過自主探究、歸納概括、舉例驗證等方法研究能被5整除的數的特徵。相對於歸納概括能被2整除的數的特徵，概括能被5整除的數的特徵對學生來說要更容易一些，且70%的學生能正確概括出特徵。

五、前测的教学启示

思考 对学生前测情况进行分析之后，你觉得给你的教学带来了哪些启示？

1. 学生对能被 2、5 整除的数的特征的感性认知比较丰富

基于前测分析结果，笔者发现学生对能被 2、5 整除的数的特征的感性认知比较丰富。例如，学生能基于生活中的门牌号或班级同学的学号知道双数的概念。同时，学生平时 2 个 2 个数，或 5 个 5 个数，或 10 个 10 个数的数数经验也在一定程度上为他们提供了相应的感性认知基础。然而，学生对特征的归纳概括还是有很大的困难，且他们所表现出的思维水平层次不一。

这给教师教学带来以下两点启示：其一，教学设计应更多地考虑将数学知识与生活实际相结合，让学生围绕生活问题展开探究；其二，要充分考虑学生思维水平的差异，实施因材施教、分层教学，让不同思维水平的学生都能达到自己的"最近发展区"，从而使每名学生都能得到相应的发展。

2. 学生对能被 5 整除的数的特征的理解要强于能被 2 整除的数的特征

"观察能被 2 整除的数，你能发现能被 2 整除的数的特征吗？请用自己的话写一写，越详细越好"这一问题的检测目标是考查学生能否归纳概括出能被 2 整除的数的特征，从表 5-4 中可以发现，能归纳概括特征的学生只有 21.7%。"观察这些能被 5 整除的数，它们有什么共同特征"这一问题的检测目标是考查学生能否归纳概括出能被 5 整除的数的特征，从表 5-5 中可以发现，70% 的学生都能正确归纳特征。21.7% 和 70% 这两个对比鲜明的数据充分表明学生对能被 5 整除的数的特征的理解要强于能被 2 整除的数的特征。对于这一结果，笔者思考：是先教学能被 2 整除的数的特征，还是先教学能被 5 整除的数的特征？

另外，在前一章教材比较中，我们也看到很多教材对 5 的倍数特征的教学处理方式有别于 2 的倍数特征，有的教材给出了探究路径让学生自主研究，有的教材先探究 5 的倍数特征，再学习 2 的倍数特征。

综合上述两方面原因，笔者以为，教学中不妨先探究能被 5 整除的数的特征，再探究能被 2 整除的数的特征。

3. 学生对能被 2、5 整除的数的特征的原理尚不清楚

前测发现，学生在判断一个数能否被 2、5 整除时，大都知道要看个位，但对于其中的原理并不是很清楚。然而，数学课程内容不仅包括数学的结果，也包括数学结果的形成过程和蕴含的数学思想方法，且课程内容的组织要重视过程，处理好过程与结果之间的关系。因此，除了让学生获得特征这个结果之外，还要让学生明白为什么会有这样的特征。课堂教学中，教师应把学生探寻特征的过程拉长，充分展现原理探究的过程。

这一结果给我们以如下启示：教学时，要强调对特征原理的探讨。并且，教学设计是否可以突出特征的应用，重视学生说理能力的培养，这些都是值得我们探讨的地方。

第二节　学生思维水平层次分析

一、什么是思维水平

思维水平是一个人的思维过程、思维方式、思维品质、思维结果的反映。基于教学实践经验，不难发现小学生的思维水平存在较大差异。本节以"2 的倍数特征"为例，通过实证研究，分析学生当前的理解水平，探讨水平层次的划分路径，为分层教学提供实践与理论依据。

二、如何划分思维水平层次

苏联心理学家克鲁捷茨基认为，数学能力问题就是个别差异问题，如果每个人在各方面的发展和在从事任何活动上都有同样的能力，那么讨论能力问题也就没有意义了。我们谈论能力问题，就等于预先假定了人们之间有某些个别差异。并且，在能力差异方面他主要研究了学生数学能力的类型差异，以及不同水平学生的能力特征。[1] 事实上，学生数学思维能力的个体差异表现在质与量两个方面。

---

① 克鲁捷茨基. 中小学生数学能力心理学 [M]. 李伯黍，洪宝林，艾国英，等译. 上海：上海教育出版社，1983.

其中，质的差异表现为思维稳定性和类型差异，量的差异表现在思维能力的发展水平和年龄差异上。

为了进一步考查学生的思维类型，克鲁捷茨基设计了一项涉及 34 名学生的实验，从而区分得到三种存在显著差异的"数学头脑"基本类型，分别是分析型、几何型和调和型，并初步描述了各个类型的思维能力特征，具体如下。

分析型。习惯于运用抽象模式进行思考、运算，与视觉形象成分相比，语言逻辑成分占有明显优势。在问题解决过程中，他们不需要形象化的对象或模型作支持，即使是在题目中已知的数量关系已经暗示视觉概念时也是如此。分析型学生不具备视觉形象的概念能力，因此在只要依靠视觉形象就能解决简单问题时，他们却使用了更难且更复杂的语言逻辑分析的解答方法。

几何型。此类学生在思维上具有高度发展的视觉形象成分，习惯于形象化地解释抽象的数量关系，且表现出巨大的独创性。他们习惯于用视觉的图示、表象和具体的概念进行运算，甚至在依靠推理可以很容易地解决问题，而使用视觉形象的方法则显得多余或困难时，也是如此。

调和型。大多数能力强的学生都属于调和型。在语言逻辑成分的主导作用下，他们能保持语言逻辑成分和视觉形象成分的平衡发展。此类学生的空间概念发展得很好，能够创造性地用形象方法阐明抽象关系，但这种形象和图示从属于语言逻辑分析。另外，他们能够灵活运用分析方法和几何形象方法这两种方法来解决问题。

为了深入研究学生能力的差异，并揭示不同能力水平的层次特征，克鲁捷茨基进行了如下实验。首先，他挑选了不同能力水平的三组学生：第一组学生能迅速且容易地掌握数学知识和运算技能，并能在学习新知识时独立思考，具有创造性，这组学生被看作能力强的学生；第二组学生则需要花费更多的时间，付出更多的努力才能在数学上取得较好的成绩，这组学生被看作能力一般的学生（这些学生在解答新类型的问题时会感到很困难，但只要他们掌握了解答这类问题的方法，就能很好地解答类似的问题）；第三组学生听不懂教师所讲授的内容，常常需要给予额外的辅导，不能解答超出他们已掌握范围内的一般性问题，这组学生被看作能力差的学生（他们很难形成数学习惯，且形成后也不稳定，一不练习就会忘记）。随后，克鲁捷茨基用他所编制的实验体系对这三组学生进行测试，并结合调查数据与深入访谈，得到这三组学生在能力上存在显著的水平差异，具体结果如表 5-6 所示。

表 5-6　数学能力的水平差异

成分	水平	特征表现
信息搜索	数学能力强的学生	能力强的学生面对一道数学题时，一眼就能看出问题的结构，并能联系已知条件；他们能清楚地区分问题结构中三种不同性质的成分，即类型特征、数量关系和无关信息
	数学能力差的学生	遇到一类新问题时，首先看到的是一些孤立的、无关紧要的信息；只关注具体数据，没有感受到或认识到隐藏在题目中的信息，因此一旦将问题进行变式，他们就会感到有很大的困难
		难以指出已知条件中"漏掉"了什么，或者对解题来说缺少了什么
		不能有比较地估计出具体的量，不能确定量的层次，因此也就无法区分哪些量对解题是必要的，哪些量是不必要的
		缺乏整体意识
信息加工	数学能力强的学生	能正确、自如地解答所有问题，当掌握了一个公式或利用这个公式解决一个问题后，对于同类型的问题，即使问题表述很陌生，他们也能容易识别
		在初步分析阶段中就能迅速看出哪些问题在类型上是相似的，也能看出形似质异的问题；在解答问题前就能抓住问题结构的一般特征，并在此基础上概括问题
		能容易地把证明方法迁移到其他问题的解决上，能在所有问题中看到证明方法的一般类型
		相当明显地倾向于迅速且彻底地缩短推理和相应的数学运算环节
		力求用最合理的解题方式来解题，力求最明确、最简单、最直接、最高效地达成目的
		能容易地自主解答相应的逆向问题，不需要特别的指导
		在解答难题时，能够有方案、有计划地进行尝试，以验证所作出的假设；在尝试中，常常能领悟到为什么要进行尝试，期待的结果是什么，以及接着又能得到什么

（续表）

成分	水平	特征表现
信息加工	数学能力一般的学生	缺乏"立即"概括的能力，不能扩展到所有可能的变式和组合情况中，但通过针对性的练习，在解答非本质特征可能不同的习题时，也能作出必要的概括 自己始终不能把问题进行归类，不能看出形异质同的问题，但在他人的帮助下能顺利解答问题，并作出比较和概括 常常不能完全独立地从最简单的证明迁移到最复杂的证明，但能依靠中间步骤给出证明 在掌握数学技能的初步阶段，没有明显的缩短推理过程的表现，甚至缺少一步就会使整个推理过程受到阻碍，只有经过反复练习，才能缩短推理路径 对于一个已经做过的问题，难以换一种方法来解决，表明之前建立的解题方法对他们有束缚作用，即他们的思维常常会习惯性地回到已建立的模式上 不用进行特别的练习就能解决逆向问题
	数学能力差的学生	在他人的帮助下也难以理解数学内容，难以从一种概括水平迁移到另一种概括水平，且每种水平都需要相当多的练习才能维持 在他人的帮助下也难以发现形异质同的问题，甚至通过他人的帮助解决问题后，对问题进行分析比较时也不能将其进行归类 不能对证明题进行概括，不能确定某一类证明题的原理，更不能把这一原理迁移到另一类证明题中 学生心里已有解决问题的方法（不一定正确）后，无法转向新的方法；在企图从一个思维水平转向另一个思维水平，从一种心理运算转向另一种心理运算时，他们感到有很大的困难 只有在最简单的条件下，特别是当第二题的条件和问题与第一题仅仅是顺序颠倒时，才能把第二题看成第一题的逆向问题，且完全是根据外部特征来判断两者的关系

（续表）

成分	水平	特征表现
保持信息	数学能力强的学生	对数学体系（题目）中各个不同成分的记忆功能显然是不同的，他们能立刻记住题目类型的标志、解题的一般方法、推理的模式、证明的基本路径和逻辑格式，并能较长久地保持；对具体情境和数学内容的记忆虽然也较好，但基本上仅限于解题期间，之后就会很快遗忘
	数学能力一般的学生	对具体内容和数字的记忆较好，但对题目类型特征的记忆并不好，甚至完全不记得
	数学能力差的学生	无论是对一般化了的数学内容，还是对具体的数字，他们对此的记忆功能异常薄弱，但多数学生在其他学科上所表现出的记忆力却很好
数学气质	数学能力强的学生	对难题有强烈的探索欲，能促使他们主动思考，使他们的头脑受到锻炼且变得更加敏锐；当他们专心地解答问题时，会对周围的事物视而不见、听而不闻，能坚持不懈地思考
	数学能力差的学生	他们在数学课上不认真学习或走神时，并不会感到疲劳；而他们若专心学习，则会比其他学生更容易感到疲劳，因为对他们来说，在数学的领域里建立联系永远是一项紧张的工作

那么，针对"2的倍数特征"这一内容，该如何划分学生的思维水平层次？一般地，思维水平层次的划分有以下两种方法：一种是凭借教师多年的教学经验作出判断。这种方法主观性较强，且结果的准确性不高，但过程比较快捷。另一种方法是实证研究，通过专业测查对数据进行分析，从而对思维水平进行归类并划分。这种方法客观性强，准确度高，但过程比较烦琐。

就"2的倍数特征"相关内容，笔者结合以上两种方法探讨思维水平划分的基本路径，即：经验判断与水平假设—问卷设计与意图分析—调查分析与修订假设—层次划分与统计归类。

1. 经验判断与水平假设

水平假设是基于教师对教材与学情的了解而作出的一种经验判断。以人教版教材例 1（图 5-1）为例，教材直接呈现百数表。笔者凭借自己多年的教学经验，就这一内容，划分得到 5 个思维水平层次（表 5-7）。

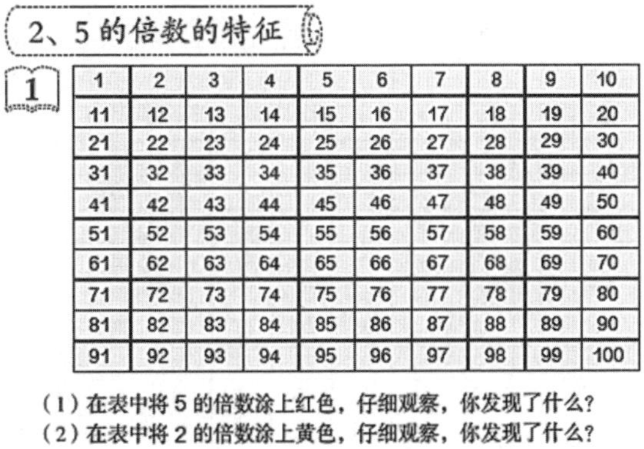

图 5-1

表 5-7　学生思维水平层次假设

水平	特征表现
水平 1	能圈出 2 的倍数；不能发现 2 的倍数特征；不能用数学语言进行归纳概括
水平 2	能圈出 2 的倍数；能发现 2 的倍数特征；不能用数学语言进行归纳概括
水平 3	能圈出 2 的倍数；能独立发现 2 的倍数特征；能用数学语言进行归纳概括
水平 4	能圈出 2 的倍数；能发现 2 的倍数特征；能独立进行归纳概括；能解释原理
水平 5	能圈出 2 的倍数；能发现 2 的倍数特征；能独立进行归纳概括；能解释原理并能加以运用

那么，假设是否合理？是否符合学生真实的思维水平？对此，还需要进行调查并检验。

2. 问卷设计与意图分析

笔者根据表 5-7 中所假设的学生思维水平层次设计了问卷测试题，共 3 个大题，具体内容如下。

问卷测试题

试题 1：观察百数表，回答下列问题。

① 请圈出百数表（图 5-2）中 2 的倍数。

1	2	3	4	5	6	7	8	9	10
11	12	13	14	15	16	17	18	19	20
21	22	23	24	25	26	27	28	29	30
31	32	33	34	35	36	37	38	39	40
41	42	43	44	45	46	47	48	49	50
51	52	53	54	55	56	57	58	59	60
61	62	63	64	65	66	67	68	69	70
71	72	73	74	75	76	77	78	79	80
81	82	83	84	85	86	87	88	89	90
91	92	93	94	95	96	97	98	99	100

图 5-2

② 观察圈出的数，它们有什么特点？请详细写出你发现的特点。

③ 你认为怎样的数才是 2 的倍数？

试题 2：有一个三位数"5 □□"，它十位和个位上的数字都被遮住了。已知这个三位数是 2 的倍数。

① 个位可以填哪些数字？

② 十位可以填哪些数字？

③ 判断一个数是不是 2 的倍数，你认为与这个数哪一位上的数字有关？你能解释其中的原因吗？（解释得越详细越好）

试题 3：迪迪在台灯下写作业，突然停电了，他连续按了 15 次开关。当电来了之后，灯是_____。（填"亮的"或"暗的"）

① 你是怎么判断的？

② 请详细写出你的判断过程。

试题 1 共有 3 个小题：第 ① 小题考查学生在还未学习这部分知识之前，能否判断出哪些数是 2 的倍数；第 ② 小题考查学生是否能发现 2 的倍数特征；第 ③

小题考查学生是否能对 2 的倍数特征进行归纳概括。试题 2 也设置了 3 个小题，主要考查学生是否知道 2 的倍数特征和这个数哪一位上的数字有关，并是否能作出解释。试题 3 主要考查学生是否能在具体情境中运用 2 的倍数特征相关知识。

3. 调查分析与修订假设

笔者对 2 个班 64 名四年级学生进行测试，对测试卷进行逐题分析，并根据分析结果调整学生思维水平层次假设表（表 5-7），使其更加符合学生真实的认知状态。下面，具体分析每一题的学生作答情况。

（1）试题 1：2 的倍数外显特征的调查与分析

在判断一个数是不是 2 的倍数时，学生最先关注的是什么？ 也就是说，2 的倍数的外显特征是什么？ 在试题 1 观察百数表的活动中，3 个小题的设计直指学生对 2 的倍数外显特征的认知，下面作逐一分析。

✦ 请圈出百数表中 2 的倍数

根据笔者对学生思维水平层次所作出的假设，认为学生都能准确圈出 2 的倍数，但事实并非如此，仍有少数学生不会圈（图 5-3），占调查总人数的 1.6%。因此，需要对原先的假设层次作出调整，即增加水平 0 的层次，该层次的学生属无直观经验水平。

（1）请圈出百数表中 2 的倍数。

1	2	3	4	5	6	7	8	9	10
11	12	13	14	15	16	17	18	19	⑳
㉑	㉒	㉓	㉔	㉕	㉖	㉗	㉘	㉙	30
31	32	33	34	35	36	37	38	39	40
41	42	43	44	45	46	47	48	49	50
51	52	53	54	55	56	57	58	59	60
61	62	63	64	65	66	67	68	69	70
71	72	73	74	75	76	77	78	79	80
81	82	83	84	85	86	87	88	89	90
91	92	93	94	95	96	97	98	99	100

图 5-3

✦ 观察圈出的数，它们有什么特点？ 请详细写出你发现的特点

如果学生能说出这些数都是双数、偶数或个位数字都是 2 的倍数（图 5-4），

那么说明他们已达到初步发现特征的水平，即达到水平 2。

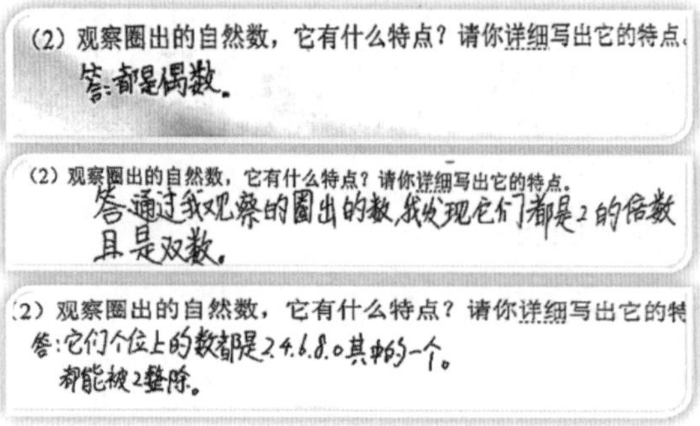

图 5-4

✦ 你认为怎样的数才是 2 的倍数

有学生认为，"可以除得尽 2""在双数列上"的数是 2 的倍数（图 5-5），这些都只是判断，并不是对特征的归纳。当然，也有能较为准确地归纳概括特征的学生，如"末尾是 2、4、6、8、0""个位是 0、2、4、6、8 的数是 2 的倍数"（图 5-6）。显然，这样的学生已经达到水平 3，即能发现并归纳概括 2 的倍数特征。

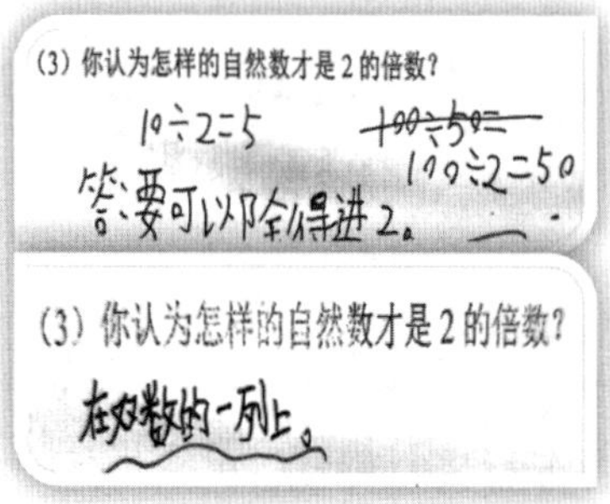

图 5-5

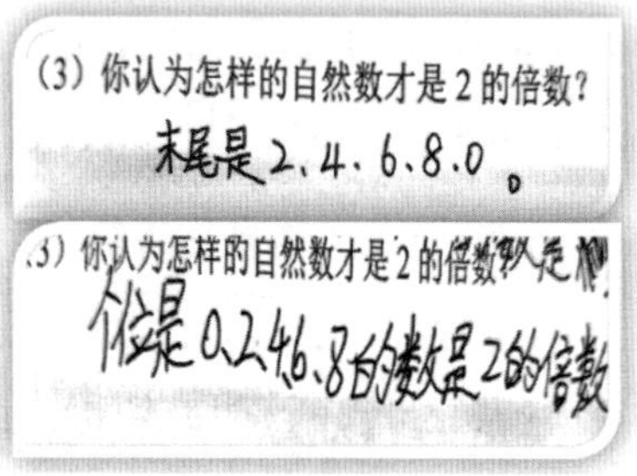

图 5-6

（2）试题 2：一个数是否为 2 的倍数和这个数哪一位上的数字有关

试题 2 的设计意图是想了解学生在判断一个数是否为 2 的倍数时，会联想到与哪个或哪些数位上的数字有关。如图 5-7，有学生错误地认为，2 的倍数要满足个位上的数是 0、2、4、6、8，且十位上的数是 2、4、6、8。也有学生能准确建立 2 的倍数与这个数各个数位上数字之间的关联，认为个位上可以是 0、2、4、6、8，而十位上可以是任何数（图 5-8）。笔者在分析此题的作答情况时发现，能将 2 的倍数特征和数位上的数字建立关联与能解释其中的原理，两者之间其实存在明显的思维水平差异，因此笔者将表 5-7 中的水平 4 调整为"能找到关联但不能解释原理"。

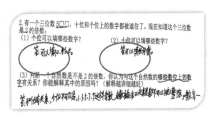

图 5-7　　　　　　　　　　　　　　图 5-8

（3）试题 3：运用 2 的倍数特征解决问题

笔者认为，学生如果能用 2 的倍数特征来解释生活实际问题，那么就表明学生已达到变式情境应用水平。如图 5-9，学生采用多种策略来解决试题 3，包括列表、列算式等，学生有意识地想利用 2 的倍数特征相关知识来解决问题，但不能从知识本质上作出说明。因此笔者认为，这一水平层次应比解释原理要低一些。

图 5-9

那么，究竟达到怎样水平的学生才能解释原理呢？笔者调查发现，测试中只有 2 名学生能准确解释 2 的倍数特征的原理，仅占调查总人数的 3.1%。他们从位值制的角度进行说明，认为整百数、整十数都是 2 的倍数，因此只要看个位（图 5-10）。

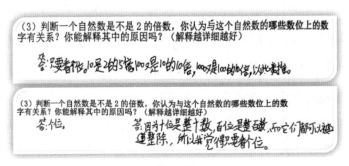

图 5-10

4. 层次划分与统计归类

通过调查分析，以及对学生思维水平层次的甄别，笔者将学生思维调整为 7 个水平层次，再根据克鲁捷茨基关于思维能力水平的划分理论，把比较接近的水平层次归为一类，从而将学生划分为 4 种不同的类别，具体如表 5-8 所示。

表 5-8 "2 的倍数特征"思维水平层次划分

水平	特征表现	类别	占比
水平 0	不能圈出 2 的倍数，属于无直观经验水平	A 类：能力弱，不能发现 2 的倍数特征	30.2%
水平 1	能圈出 2 的倍数，但不能发现 2 的倍数特征；不能用数学语言归纳概括 2 的倍数特征，属于直观经验水平		
水平 2	能发现 2 的倍数特征，但不能用数学语言进行归纳概括，属于观察发现水平	B 类：能力一般，不能归纳概括 2 的倍数特征	49.2%
水平 3	能发现 2 的倍数特征，并能用数学语言进行归纳概括，但不能解释原理	C 类：能力中等，不能解释原理	17.5%
水平 4	能发现 2 的倍数特征只和个位数字有关，但不能解释原理，属于关系连接水平		
水平 5	能有意识地在变式情境中应用 2 的倍数特征相关知识来解决问题，但原理解释不清晰		
水平 6	能解释 2 的倍数特征的原理，并能在复杂情境中运用 2 的倍数特征相关知识来解决问题，属于解释原理水平	D 类：能力强，能解释原理，并能运用 2 的倍数特征相关知识来解决问题	3.1%

需要说明的是，上述调查研究只是提供了一个范例，四类学生的分布情况应视具体学情而定，但可以确定的是，上述学生的思维水平层次是存在的。

5. 对教学的启示

通过对克鲁捷茨基能力水平实验与相关理论的梳理，结合笔者所作的实证研究，得到如下教学启示。

首先，掌握了研究学生能力水平差异的方法，即：可以通过划分水平层次来研究学生思维水平的差异，并刻画各个水平层次的特征表现。

其次，为我们实施差异化教学提供了理论依据。既然学生的差异是客观存在的，那么教师应针对学生所展现出的差异进行因材施教。这里的"材"有两层含义：第一层，教师设计的学习序列要有层次，能兼顾每名学生的学习；第二层，为了保证学习序列和数学任务能兼顾每名学生的学习需求，教师应提供多元的、丰富的、弹性的学习材料，创设不同的问题情境，以适配不同学生的认知水平。对于如何根据本项实证研究设计分层教学，笔者将在第六章作更为详细的论述。

第三节　学生问题解决策略研究

一、研究背景

即使处于同一年龄阶段，不同学生解决同一数学问题的思维方式也会存在较大的差异，因此会出现不同的解题策略。当然，学生的解题策略既有共性又有特性。

教学 2、3、5 的倍数特征之后，笔者想了解学生是否具备综合应用 2、3、5 的倍数特征相关知识来解决实际问题的能力。具体地，在解决问题的过程中，有多少人能正确解答？他们所采用的解题策略有哪些？又有多少人出错？出现错误的原因有哪些？为此，笔者进行了测试，试图从学生的解题中发现他们出错的原因及正确解题策略，分析学生利用 2、3、5 的倍数特征相关知识来解决问题的思维过程，以确定学生的思维差异，初步检测教学成效，并根据学生反馈设计相应的教学改进措施。

二、研究内容

1. 测试目的

本测试主要通过一道综合性开放题，检测学生学习了 2、3、5 的倍数特征之后，是否具备综合应用 2、3、5 的倍数特征相关知识来解决实际问题的能力，包括学生对 2、3、5 的倍数特征相关知识的应用水平，以及学生的解题策略和思维水平。

2. 测试对象

笔者分别在公办、民办两所小学各选择一个四年级班的学生进行测试，共 59 人。两所学校均使用浙教版新思维小学数学教材，且测试前已经学习了 2、3、5 的倍数特征相关内容。

3. 测试内容

试题 1：在"25 □ 4 □"的方格内填什么数字，才能使这个五位数既能被 3 整除，又能被 5 整除？你能写出满足条件的所有数吗？请写一写。

试题 2：在解决上面这个问题时，你是怎样思考的？请写下你的思考过程，越详细越好。

4. 测试过程

在学生不知情的情况下，由本班数学教师组织测试。测试前不给学生任何解题提示，也不指导学生读题，让学生独立解答，测试时间为 15 分钟。

学生在作答过程中没有出现讨论和交流的现象，整个测试过程基本反映了学生独立解答这一整除问题的真实水平。测试后，笔者对学生的解题情况进行初步整理，并选择 10 名学生进行个别访谈。

三、结果分析

1. 从整体上分析，约 40% 的学生能正确解答，且解题策略灵活多样，思维呈现出较高的有序性

统计学生的解题情况，发现能正确解答此题的学生有 24 人，占 40.7%；解答错误的有 35 人，占 59.3%。在正确解答的学生中，学生的思维呈现出较高的有序性，所采用的解题策略也灵活多样，具体分布如表 5-9 所示。

表 5-9 策略类型统计

策略类型	正确人数	占比
分析思维型	8	13.6%
举例推理型	3	5.1%
分类讨论型	13	22.0%

（1）分析思维型

分析思维型是指学生能严格依据 3 的倍数特征与 5 的倍数特征的定义，对问题作出正确分析。采用这种策略的学生有 8 人，占 13.6 %，学生作答如图 5-11、图 5-12 所示。

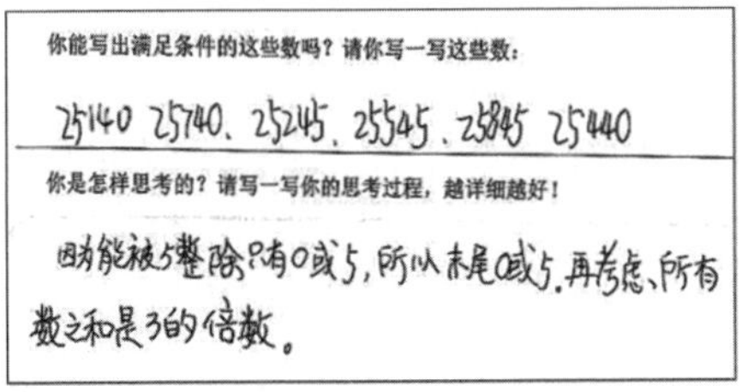

图 5-11

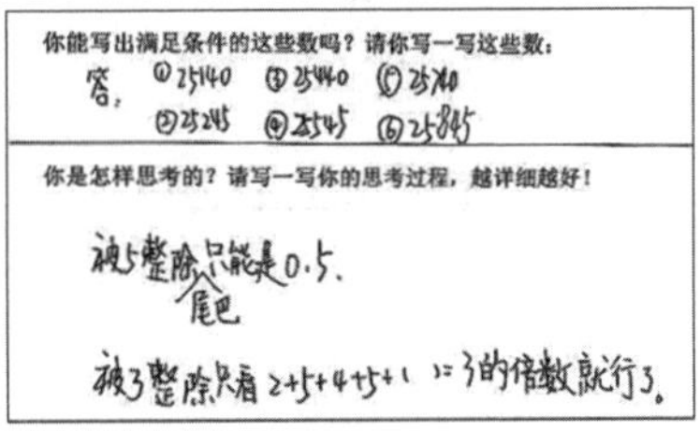

图 5-12

如图 5-11，学生分别从 3 的倍数特征和 5 的倍数特征的定义出发，先考虑满足 5 的倍数的情况，在此基础上考虑又是 3 的倍数的数，并有序写出了满足要求的五位数。图 5-12 中学生的思维过程也是如此，只是在分析满足 3 的倍数特征的过程中，是用算式进行表达的。

（2）举例推理型

举例推理型是指学生在说明原理的基础上能进行举例推理，对特征作进一步归纳概括。采用该策略的学生有 3 人，占 5.1%，学生作答如图 5-13 所示。

你能写出满足条件的这些数吗？请你写一写这些数：

25140、25440、25740、25245、25545、25845。

你是怎样思考的？请写一写你的思考过程，越详细越好！

个位是0或5的可被5整除，所有位数加起来是3的倍数，就能被3整除。先考虑个位0，那么余下的倍数就可以3。例：2+5+4+0=11 ~~11+3=14~~ 3×4=12 12-11=1。个位5照例。3就可以了。

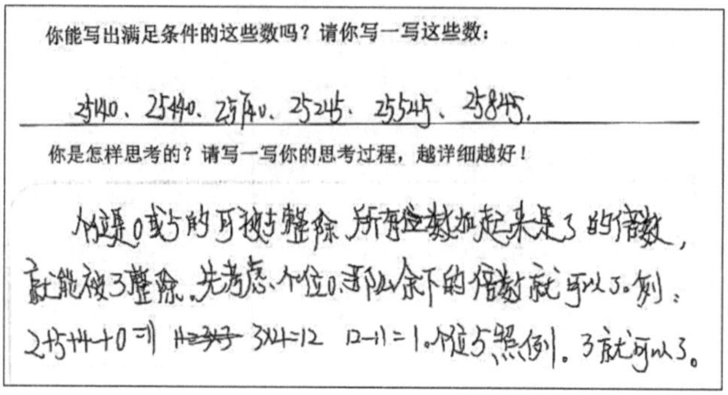

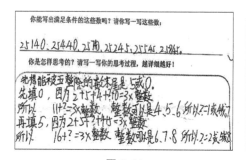

图 5–13

从图 5–13 中可以看出，学生能有序写出所有满足条件的五位数，能从定义出发陈述理由，并作出举例：2 + 5 + 4 + 0 = 11，要使各个数位上的和能被 3 整除，可以为 12，又因为 12 − 11 = 1，所以百位应该是 1。

（3）**分类讨论型**

分类讨论型是指学生能够对问题进行合理分类并讨论。该方法思维严谨，条理清晰，值得推广。采用该策略的学生有 13 人，占 22.0%，学生作答如图 5–14、图 5–15 所示。

你能写出满足条件的这些数吗？请你写一写这些数：

25140、25440、25740、25245、25545、25845。

你是怎样思考的？请写一写你的思考过程，越详细越好！

先想能被五整除的数末尾是5或0。
先填0，因为2+5+4+?+0=3×整数
所以 11+?=3×整数 整数可以是4、5、6 所以?=1或4或7
再填5，因为2+5+?+4+5=3×整数
所以 16+?=3×整数 整数可以是6、7、8 所以?=2或5或8

图 5–14

你能写出满足条件的这些数吗？请你写一写这些数：

25140、25440、25740、25245、25545、25845

你是怎样思考的？请写一写你的思考过程，越详细越好！

首先看能被5整除这个条件，因为它是可能性小的那一个。要能被5整除，末尾只能是0或5。先考虑是0，那么百位只能是1、4、7；如果末尾是5，那么要被3整除，百位就只能是2、5、8。这样一来，把数字连起来，就是想要的6种结果了。

图 5–15

以上两名学生的解题思路基本一致，都是先满足能被 5 整除的数的特征，也就是先确定个位，且分个位填 5 或 0 两种情况进行讨论。如果个位是 0，那么百位就有 3 种填法，分别是 1、4、7；如果个位是 5，那么百位也有 3 种填法，分别是 2、5、8；所以，一共有 6 种。采用这一策略的学生思维灵活、严谨，且该方法值得推广。

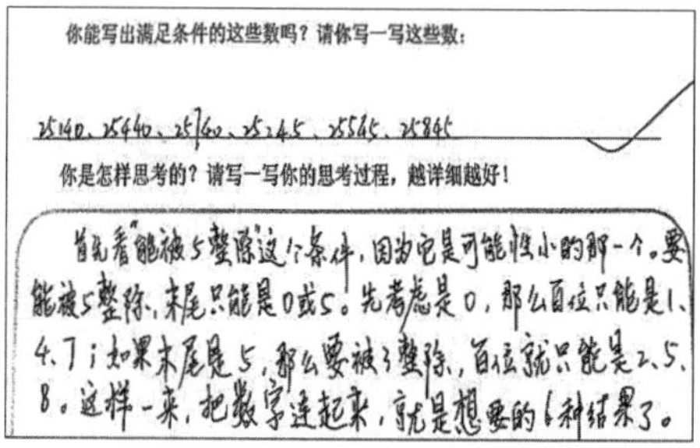

2. 分析错误作品,发现学生对2、3、5的倍数特征的理解呈现出水平差异

通过分析学生的错误作答,笔者发现学生的错误解题思维也是多样化的,主要有以下四类(表5-10)。

表5-10 典型错误类型统计

错误类型	错误人数	占比
思维混乱型	3	5.1%
思维狭隘型	7	11.9%
顾此失彼型	2	3.4%
思维漏洞型	23	39.0%

(1)思维混乱型

思维混乱型是指思考问题时思维混乱,所写理由答非所问。出现此类错误的学生有3人,占5.1%,学生作答如图5-16所示。

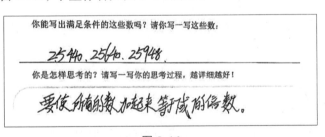

图 5-16

从图5-16中可以看出,该名学生认为,写出来的五位数必须是每个数位上的数字之和等于7或是7的倍数。然而,在他所写的数中,每个数位上的数字之和并不全都等于7或是7的倍数。对此,笔者访谈时向该名学生询问"为什么会认为和7有关",他认为能被3整除的数只要末尾能被3整除就行,而对于自己为什么写这几个数却说不出理由。显然,这名学生对3的倍数特征并不理解,那么关于3、5的倍数特征的应用问题就更不用说了,已然超出了他的认知水平。并且,学生的作答与他陈述的理由显然也是风马牛不相及。

（2）思维狭隘型

思维狭隘型是指只从一个角度出发思考问题，不能展开多角度思考。出现这类错误的学生有 7 人，占 11.9%，学生作答如图 5–17、图 5–18 所示。

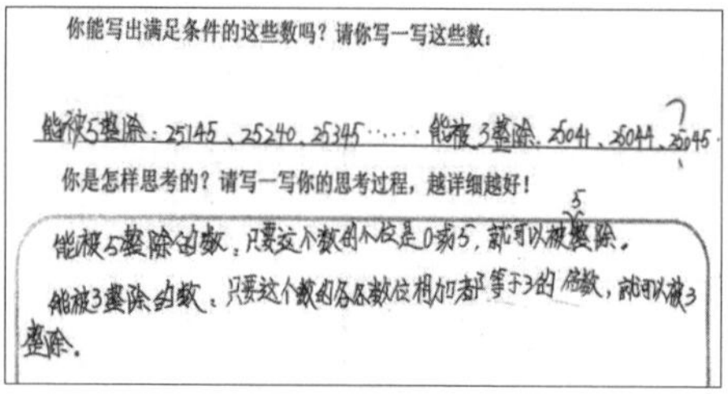
你能写出满足条件的这些数吗？请你写一写这些数：
能被5整除：25145、25240、25345…… 能被3整除：25041、25044、25045
你是怎样思考的？请写一写你的思考过程，越详细越好！
能被5整除的数，只要这个数的个位是0或5，就可以被5整除。
能被3整除的数，只要这个数的各个数位相加都等于3的倍数，就可以被3整除。

图 5–17

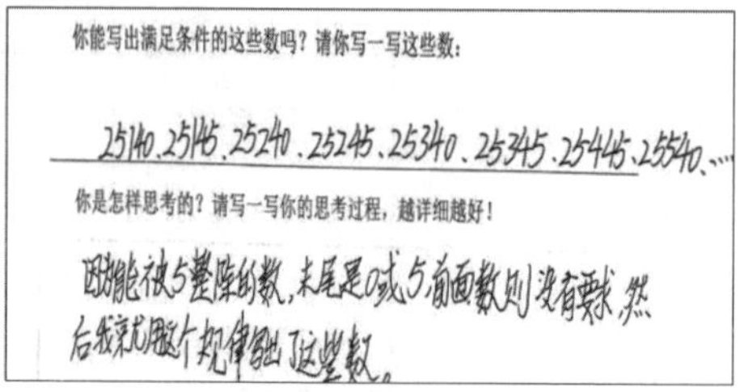
你能写出满足条件的这些数吗？请你写一写这些数：
25140.25145.25240.25245.25340.25345.25445.25540……
你是怎样思考的？请写一写你的思考过程，越详细越好！
因为能被5整除的数，末尾是0或5，前面数则没有要求，然后我就用这个规律写出了这些数。

图 5–18

从图 5–17 中可以看出，学生对 3 、5 的倍数特征都是了解的，也能根据特征来写数，但思考问题的角度是片面的、狭隘的。例如，只考虑能被 3 整除的数的特征，写出 25041、25044；又如，只考虑能被 5 整除的数的特征，写出 25145、25240、25345。从学生对其思考过程的描述中来看，学生没有将“能被 3 整除”和“能被 5 整除”相结合，忽略了要同时满足这两个条件。同样，从图 5–18 中发现，学生写出来的数只满足 5 的倍数特征，在对自己思维过程的描述中，学生提到“前面的数则没有要求”，可见该名学生完全忽略了还要满足 3 的倍数特征，更不要说将两者结合起来考虑了。

（3）顾此失彼型

顾此失彼型是指能从不同角度出发思考问题，但对问题作出最终决策与判断时，又出现“顾得了这头，又忘了那头”的现象，不能综合考虑问题。出现这类错误的学生有 2 人，占 3.4%，学生作答如图 5–19 所示。

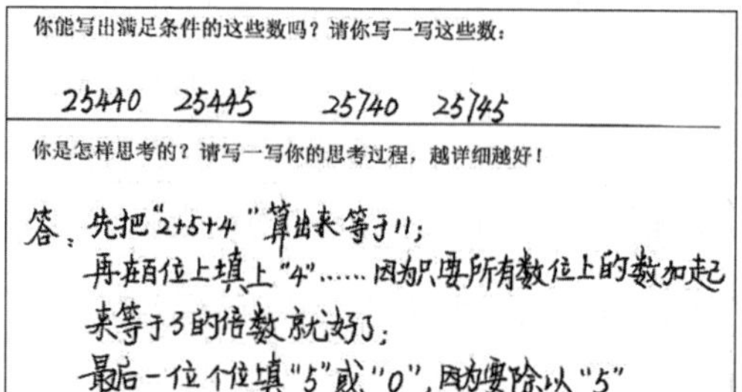
你能写出满足条件的这些数吗？请你写一写这些数：
25440 25445 25740 25745
你是怎样思考的？请写一写你的思考过程，越详细越好！
答：先把“2+5+4”算出来等于11；
再在百位上填上“4”……因为只要所有数位上的数加起来等于3的倍数就好了；
最后一位个位填“5”或“0”，因为要除以“5”。

图 5–19

分析图 5-19 中的作答，学生写对了两个数，但在思考问题的逻辑上出现了错误。学生先把五位数"25 □ 4 □"中万位、千位及十位上的数字相加，即 $2+5+4=11$，再在百位上填 4，认为只要满足所有数位上的数之和是 3 的倍数就可以，紧接着补充"个位填 5 或 0"。可见，学生能关联两个特征正确写出 25440 和 25740，但之后只想到将个位数字换成 5，而忘了还要满足 3 的倍数特征。

（4）思维漏洞型

思维漏洞型是指能从不同角度出发思考问题，能写出符合条件的五位数，思考方法正确，但没有写出全部符合条件的五位数，有遗漏。出现这类错误的学生有 23 人，占 39.0%，学生作答如图 5-20 所示。

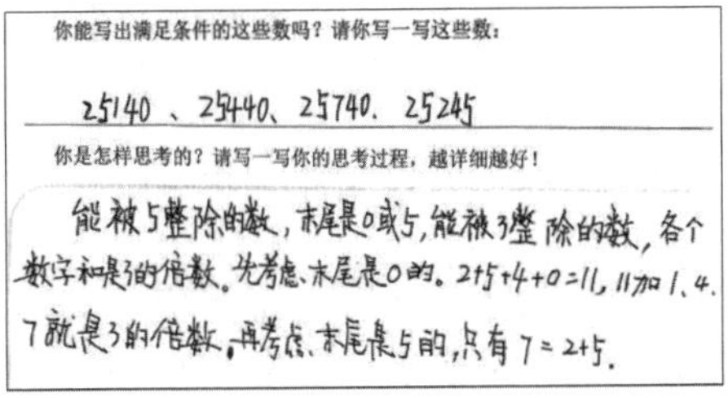

图 5-20

从图 5-20 中可以看出，学生先从个位展开思考，分个位是 0 或 5 两种情况，再满足 3 的倍数特征。当个位是 0 时，学生写出了满足 3 的倍数特征的所有情况，即 25140、25440 和 25740；而当个位是 5 时，学生只写出了 25245 一个数，考虑不周全。

四、建议与思考

1. 对教学改进的建议

基于学生反馈，笔者对本课教学提出如下改进建议。

（1）关注学生思维能力的水平差异和类型差异，实施差异化教学

克鲁捷茨基将学生的数学能力类型分为分析型（倾向以"言语—逻辑"的关系来思考）、几何型（倾向以"视觉—形象"的关系来思考）、调和型（兼具前两种类型的特征）。笔者基于这三种类型进一步分析学生作答，发现作答与图 5-14

（分类讨论型）类似的学生属于分析型，这类学生在解决问题时，语言逻辑成分明显占优势，习惯于用严谨的语言去描述。而顾此失彼型（图 5-19）的学生恰恰属于几何型，这类学生具有非常好的视觉形象成分，习惯于形象化地解释抽象的数量关系。从访谈中，我们也可以看出几何型学生思维的独创性，他们总是坚持用视觉化的图示、表象和具体的概念进行运算（这里用加法算式去表征）。举例推理型学生所表现出的数学能力更趋向于调和型，大多数能力强的学生都属于这种类型，他们能在语言逻辑成分的主导作用下，保持语言逻辑成分和视觉形象成分的平衡发展。如图 5-13，我们能看到这类学生具有较强的逻辑表达能力，并能根据所表达的内容进行举例。

在设计教学时，教师应兼顾这三种不同类型的学生，充分尊重并考虑他们的差异性，为每类学生创设展示解题过程的机会，让不同类型的学生都能获得相应的发展。

另外，学生的思维水平是有高低之分的。教学中，教师可以针对不同思维水平的学生实施分层教学，即差异化教学。例如，教师可以设计智慧卡 A、智慧卡 B、智慧卡 C、智慧卡 D 四类卡片，其中智慧卡 A 难度最高，智慧卡 D 难度最低。每一张卡片上都有关于 2、5 的倍数特征的针对性问题，以及与学生的思维能力水平相匹配的个性化指导语。教学时，教师应提醒学生，如果觉得解决智慧卡 A 上的问题有困难，可以选择智慧卡 B。以此类推，选择适合自己思维能力的智慧卡进行自主学习。

利用智慧卡，设计不同难度系数的问题，以满足不同思维层次学生的需求，使他们都能依据导学问题自主经历知识发生与发展的过程，从而发展思维，获得成功的体验。

（2）针对学生解题时的错误思想方法，渗透分类讨论思想

学生在利用 2、3、5 的倍数特征相关知识解决问题时，出现了几种错误思维类型，如思维混乱型、思维狭隘型、顾此失彼型、思维漏洞型，占总人数的 59.3%。通过错例分析，发现大部分学生不能灵活运用分类讨论的思想方法来解决问题，思考问题时常常无序、混乱。因此，在数学教学中渗透分类讨论、有序思维的思想十分重要。

　　分类讨论思想是指面对比较复杂的问题时，需要把研究对象按照一定的标准进行分类并逐类展开讨论，最后综合每一类的结果，从而解决问题，其实质是把问题"分而治之、逐个突破、综合归纳"。有序思维是指思考和解决问题时遵循一定的顺序，按照特定的线索和步骤展开探索的一种思维方式。渗透分类讨论思想，培养学生有序思维，可以优化学生的思维品质，提高他们解决问题的能力。笔者以为，教学中具体有以下三条路径。

　　其一，有序观察，有序思考。在数学课堂教学中，教师应引导学生有序观察，让学生有条理地展开思考，达到言之有序、思之有路的目的。如图 5-15，可以引导学生观察：如果要被 5 整除，个位可以是 0，除百位之外，其他数位上的数字之和为 $2 + 5 + 4 + 0 = 11$；若要被 3 整除，各数位上的数字之和可以为 12，$12 - 1 = 1$，所以百位上的数字可以是 1；然后将百位上的数字依次加 3，$1 + 3 = 4$，$4 + 3 = 7$，故百位还可以是 4 或 7。同样，若个位数字是 5，也可以引导学生像这样有序思考。

　　其二，合理分类，有序思考。小学生的思维处于无序思维向有序思维的过渡阶段，重视学生获取知识的思维过程，学会合理分类，就是引导学生有序思维。例如，在完成"在方框内填数，使 '25 □ 4 □' 这个五位数能同时被 3、5 整除"这道练习时，可以让学生分类思考。先确定个位，有两种情况，即个位填 5 或 0，再进行分类讨论。如果个位是 0，那么百位就有 3 种填法，分别是 1、4、7；如果个位是 5，那么百位也有 3 种填法，分别是 2、5、8。这样一共有 6 种，从而有序推导出正确结果。

　　其三，有序操作，有序思考。操作是思维的基础和源泉，学生的操作过程，实则就是他们思考的过程。例如，在教学 2 的倍数特征时，可引导学生经历"猜想—操作—验证"的过程，理解 2 的倍数特征。具体地，先给出像 18、22、36 这样的数，并出示相应数量的实物图，利用实物图请学生猜测"如果 2 个 2 个地分，是否能刚好分完"；再通过实际操作验证猜测；接着让学生进一步猜测"如果 5 个 5 个地分，刚好能分完，那么物体的个数可能是几，以及这些数的个位有什么特点"。

（3）加强对比，厘清 2、3、5 的倍数特征之间的关系，并在解决综合问题的过程中关联知识

学生对概念从理解到应用需要经历"知识点—知识域—知识体系"的关联过程，教学中应重视对学生应用能力的培养。例如，在解决上述问题中，学生需要了解并掌握的知识点是"能被 5 整除的数的特征是个位上的数是 0 或 5"，以及"能被 3 整除的数的特征是各个数位上的数字之和能被 3 整除"。这两个知识点并非孤立存在。学生在研究 2、5 的倍数特征时，研究方法具有通性，都是从个位开始研究；而在 3 的倍数特征的学习中，学生会自然迁移 2、5 的倍数特征的研究经验，但发现个位是 3、6、9 的数不一定是 3 的倍数，于是另辟蹊径。如此，出现了一个新的知识点，知识点与知识点则自然扩充成为知识域。

建立知识点之间的关联需要在解决综合问题的过程中得以实现。教学时，要创设更多的综合性问题情境，不仅要关注对一个知识点的丰厚，还要关注知识点与知识点之间的关联。例如，要解决既能被 3 整除又能被 5 整除的问题时，就需要把 3 的倍数特征和 5 的倍数特征这两个知识点进行联结，将其放入整除的知识体系中去研究。

2. 对教材编写的建议

基于上述分析，笔者以为，可以借助几何直观，适当渗透原理。《课标 2011 年版》首次提出了"几何直观"这一核心概念，认为"几何直观主要是指利用图形描述和分析问题。借助几何直观可以把复杂的数学问题变得简明、形象，有助于探索解决问题的思路，预测结果。几何直观可以帮助学生直观地理解数学，在整个数学学习过程中都发挥着重要作用"[①]。如果借助几何直观来教学 2 的倍数特征，那么可以大大降低学生理解特征原理的难度。例如，笔者设计了这样一个开放性问题：能被 2 整除的数的特征为个位上是 0、2、4、6、8 的数，你认为这个结论正确吗？请你用一种或几种方法进行说理。学生自主思考后，得到以下三种方法。

方法一：这些数都能写成 2 与一个整数相乘的形式。这种方法是通过举例，

---

① 中华人民共和国教育部. 义务教育数学课程标准（2011 年版）[S]. 北京：北京师范大学出版社，2012.

将一个一位数或多位数写成"2乘几"的形式（图5-21），发现能写成这种形式的数就是2的倍数。通过列举一组乘法算式，不仅直观，也便于学生理解。

图 5-21

方法二：这些数，如果2个2个去减，或者2个2个地分，可以正好分完，如 $12-2-2-2-2-2-2=0$；或者这些数除以2的商正好是整数，余数是0，如 $12÷2=6$。用减法算式表达，得数为0；用除法算式表达，商是整数且余数为0。算式的直观性也能使学生更容易地理解原理。

方法三：因为整十数、整百数一定是2的倍数，因此不管是两位数还是三位数，只要看个位即可。以634为例：600是2的倍数，30也是2的倍数，个位上的4还是2的倍数，那么 $600+30+4$ 的和肯定是2的倍数。在此基础上，教师强调：我们可以不考虑十位、百位、千位等更高位上的数字，因为整十数、整百数、整千数等都是2的倍数，因此只要考虑个位上的数即可。

"直观"是相对"抽象"而言的。抽象作为脑海中的思维活动，具有隐性的特征，而借助直观，则能把抽象的内容具体化，把隐性的内容形象化。以上三种方法都通过几何直观来展现思维活动，沟通了数学对象之间的联系，使抽象、复杂的数学原理得以形象化。

第六章　教学设计研究

由于教学理念不同，不同时期关于"2、5的倍数的特征"的教学各有其侧重。本章旨在对不同时期的教学设计进行纵向比较，归纳出不同历史背景下"2、5的倍数的特征"一课的教学特点，并借此创设符合当下背景和学情的"2、5的倍数的特征"一课及其练习课的教学设计。

第一节　教学设计综述

思考 为什么要对"2、5的倍数的特征"一课的教学设计进行纵向比较？

笔者研究了近30年来多篇与2、5的倍数特征相关的教学设计，发现不同时期对这一课的教学处理方式截然不同，时代的烙印向我们传递着不同的教学理念，其中一些优秀的做法值得传承。同时，我们试图在研究教学设计的历史演变中，找出一些突破传统、超越传统的做法。

思考 选择哪些教学设计进行综述比较好？

笔者以近年来三版课标的颁布时间为分界点，分三个阶段对教学设计作具体综述，且选择各个阶段具有代表性的部分教学设计进行综述。第一阶段是《课标实验稿》颁布之前的十年时间，即20世纪90年代初至2001年；第二阶段是《课标实验稿》颁布后、《课标2011年版》颁布前的这十年时间，即2001年至2011年；第三阶段是《课标2011年版》颁布后、《课标2022年版》颁布前，即2011年至2022年。笔者所选取的相关教学设计能在不同程度上反映出三个阶段的教学理念与教学方法在历史演变中的变化足迹。下面，将从教学目标制订、教学过程设计、练习设计三个维度展开综述。

一、教学目标制订

不管在哪个时期，教学过程的设计始终围绕教学目标展开，但目标制订所关注的点却有着时代的烙印。

1. 20 世纪 90 年代初至 2001 年的教学目标阐述

1992 年《九年义务教育全日制小学数学教学大纲（试用）》中，关于 2、5 的倍数特征的目标是这样描述的：

掌握整除、约数和倍数、质数和合数等概念；知道它们之间的区别和联系；掌握能被 2、5、3 整除的数的特征；会分解质因数（一般不超过两位数）；会求（两个数的）最大公约数和最小公倍数。[①]

从上面这段文字描述中我们可以看出，1992 年的教学大纲在教学目标中凸显"掌握"的要求，这为 90 年代的教学目标制订确定了基调。下面是两位教师对这一课的教学目标的具体阐述。

教学目的（田巧云，1995 年[②]）：① 使学生掌握能被 2、5 整除的数的特征，并能熟练判断一个数能否被 2、5 整除；② 理解奇数和偶数的意义，判断一个数是不是奇数或偶数，并能举出奇数和偶数的例子。

教学目标（吴茂生，2000 年[③]）：① 理解和掌握能被 2、5 整除的数的特征，会判断一个数能否被 2、5 整除；② 了解奇数、偶数的概念；③ 培养分析、综合、抽象、概括的能力。

---

① 课程教材研究所. 20 世纪中国中小学课程标准·教学大纲汇编: 数学卷 [M]. 北京: 人民教育出版社, 2001.
② 田巧云 . "能被 2、5 整除的数的特征"教学设计 [J]. 甘肃教育, 1995（3）: 31+30.
③ 吴茂生 . "能被 2、5 整除的数"说课设计 [J]. 湖南教育, 2000（4）: 40–41.

思考 你觉得上面两种教学目标包含了哪几个方面的内容？

不难看出，田巧云老师制订的目标关注以下两个要点：一是知识要点，要求学生掌握能被 2、5 整除的数的特征，理解奇数和偶数的意义；二是技能要点，要求学生会判断一个数能否被 2 或 5 整除，以及判断一个数是不是奇数或偶数。同样地，吴茂生老师也是从知识与数学能力培养两方面来制订教学目标的。两位教师所制订的教学目标都契合当时强调"双基"落实的大纲要求。

2. 基于《课标实验稿》的教学目标阐述

自 2001 年开始陆续实施新课改，一线教师对教学新方式、新理念的学习与领悟也逐渐深入，并在自己的教学实践中积极尝试转变原有的教学方式，倡导学生的合作交流与自主探究，落实课标要求。

《课标实验稿》关于"数学思考"有这样的要求：经历观察、实验、猜想、证明等数学活动过程，发展合情推理能力和初步的演绎推理能力，能有条理地、清晰地阐述自己的观点。从中我们可以看到，《课标实验稿》重视数学活动过程，以及对学生推理、表达等数学关键能力的培养，这为 21 世纪初的教学目标制订确定了方向。下面是两位教师对这一课的教学目标的具体阐述。

教学目标（密士娜、张彦彬，2004 年[①]）：① 通过观察、探究、交流等活动，让学生经历知识形成的过程，培养自主探究的能力及合作精神；② 掌握能被 5、2、3 整除的数的特征，奇数、偶数的定义，并能根据特征和定义进行判断；③ 使学生在活动中获得积极的情感体验，激发学习数学的兴趣，增强学好数学的信心。

教学目标（张静、孙凤武，2009 年[②]）：① 掌握 2、5 的倍数特征，以及既是 2 的倍数又是 5 的倍数的特征，认识奇数和偶数；② 经历科学探究的完整过程，学会探究的方法，形成初步的探究能力；③ 在探究规律的过程中留心观察，不断发

---

① 密士娜，张彦彬.《能被 5、2、3 整除的数的特征》教学实录与评析 [J]. 教学与管理, 2004（5）: 68-70.

② 张静，孙凤武. "2、5 倍数的特征" 教学实录与评析 [J]. 云南教育（小学教师），2009（1/2）: 73-74.

现与感悟数学思维的严谨性和科学性，体验数学的魅力。

思考 与 20 世纪 90 年代的教学目标相比，你觉得新课改后的教学目标有什么变化？

20 世纪 90 年代的目标制订比较注重"双基"的落实，并未凸显情感态度与价值观这一维度。相比之下，2001 年新课改后的目标制订更关注学生在活动中获得的情感体验与价值观培养。

另外，与 20 世纪 90 年代的教学目标相比，2001 年新课改后的教学目标层次鲜明，强调从知识与技能、过程与方法、情感态度与价值观这三个维度制订教学目标。例如，张静、孙凤武两位教师所制订的教学目标中，目标 ① 指向知识与技能，目标 ② 指向过程与方法，目标 ③ 指向情感态度与价值观。也有一些教师在制订目标时，清晰地指明了上述三个维度，如王芳、丛培仁（2008 年[①]）两位教师制订的教学目标：

认知目标：① 掌握能被 2、5 整除的数的特征，能应用特征找出有约数 2、5 的数；② 掌握什么是奇数、偶数，能区分奇数和偶数。

技能目标：培养学生探究问题的能力和合作精神。

情感目标：培养学生对数学学习的兴趣。

3. 基于《课标 2011 年版》的教学目标阐述

思考 根据《课标 2011 年版》，应该从哪些方面来阐述教学目标？

与 2001 年颁布的《课标实验稿》相比，《课标 2011 年版》在"数学思考"方面的要求有了微妙的变化，具体表述如下：

---

① 王芳，丛培仁 . "能被 2、5 整除的数的特征" 教学设计与评析 [J]. 辽宁教育，2008（1/2）：109–110.

在参与观察、实验、猜想、证明、综合实践等数学活动中，发展合情推理和演绎推理能力，清晰地表达自己的想法。学会独立思考，体会数学的基本思想和思维方式。

另外，《课标 2011 年版》关于 2、5 的倍数特征的目标是这样描述的：

知道 2、3、5 的倍数的特征，了解公倍数和最小公倍数；在 1~100 的自然数中，能找出 10 以内自然数的所有倍数，能找出 10 以内两个自然数的公倍数和最小公倍数。

《课标 2011 年版》强调让学生在活动中体验，积累基本活动经验；同时学会独立思考，体会数学的基本思想和思维方式。下面是两位教师基于《课标 2011 年版》对这一课所制订的教学目标。

教学目标（罗晓亮，2012 年[①]）：① 通过对 2 的倍数特征的探究学习，引导学生建构"观察发现、形成猜想—举例验证、解释规律—归纳概括、形成结论"这一方法结构；② 运用研究 2 的倍数特征的方法结构，自主研究 5 的倍数特征；③ 引导学生解释 2、5 的倍数特征，初步感悟"弃倍"的思想。

教学目标（胡晓敏、任敏龙，2014 年[②]）：① 让学生经历"举例—猜想—检验—说理"这一探索 2 的倍数特征的过程，总结方法用以探索 5 的倍数特征，为进一步探索其他数的倍数特征做好学法准备；② 让学生经历从"数的倍数特征与各个数位上数字有关"到"2、5 的倍数特征只与数的个位数字有关"的探索过程，为今后探索其他数的倍数特征做好思路铺垫；③ 让学生体会论证的力量，感受数学知识之间的广泛联系，掌握 2、5 的倍数特征，能解决简单的问题，进而理解同

① 罗晓亮."2、5 的倍数特征"教学设计 [J]. 湖南教育（下），2012（6）：53-54.

② 胡晓敏，任敏龙. 回到数学原点 澄清知识本质——"2、5 的倍数特征"教学与评析 [J]. 小学教学参考，2014（20）：15-16.

时是 2、5 倍数的数的特征。

以上两版教学目标虽然在具体表述上有所不同，但其核心思想是一致的，主要凸显以下两点。

一是凸显学法指导，发展学习能力。例如，罗晓亮老师在目标 ① 中是这样描述的：建构"观察发现、形成猜想—举例验证、解释规律—归纳概括、形成结论"这一方法结构；胡晓敏、任敏龙两位教师在目标 ① 中，也要求学生经历"举例—猜想—验证—说理"的探索过程，总结方法，积累经验。由此可见，两版教学目标都重视对数学方法的建构。

二是回归数学本源，澄清数学本质。例如，罗晓亮老师将目标制订的依据交代得非常清晰：不仅关注学生的认知起点，了解学生的学习困难，体现生本课堂的理念，还重视数学本质的探讨，如目标 ③ "引导学生解释 2、5 的倍数特征，初步感悟'弃倍'的思想"。同样，胡晓敏、任敏龙两位教师在目标 ② 中，要求学生经历从"数的倍数特征与各个数位上数字有关"到"2、5 的倍数特征只与数的个位数字有关"的探索过程，为今后探索其他数的倍数特征做好思路铺垫。由此可见，从强调"双基"到落实"四基"，《课标 2011 年版》的新理念、新思想已逐渐融入教师们的教学目标制订中。

二、教学过程设计

1. 第一阶段：注重"双基"落实，设计层层递进

"双基"教学萌芽于 20 世纪 50 年代，形成于 60 年代，发展于 80 年代，成熟于 90 年代，包括数学基础知识和基本技能两方面。这一时期关于 2、5 的倍数特征的教学设计和实施也深深地刻上了"双基"教学的烙印，如下面田巧云老师 ① 的教学设计。

---

① 田巧云 . "能被 2、5 整除的数的特征"教学设计 [J]. 甘肃教育, 1995（3）: 31+30.

环节一 以旧引新，激发兴趣

（1）举例说明什么是约数和倍数。

（2）教师指出"10 是 5 的倍数"，引导学生说出有关联的两句话"10 能被 5 整除""5 是 10 的约数"。

（3）教师出示小黑板，请学生在括号里填上适当的数。

2 的倍数有（　　　　　　　）

5 的倍数有（　　　　　　　）

环节二 讨论分析，发现新知

（1）教师引导学生观察第一个填空题"2 的倍数"。

（2）提问：括号里的数都是 2 的倍数，即这些数都有约数 2 或都能被 2 整除，这些数的个位上都是些什么数？是不是所有 2 的倍数的个位上都是 0、2、4、6、8 呢？任意写几个较大的 2 的倍数，看是否仍有上面的现象，从中你能得出什么结论？

环节三 归纳特征，掌握新知

（1）归纳特征，引导学生归纳出能被 2 整除的数的特征是：这些数的个位数都是 0、2、4、6、8。

（2）写出几个能被 2 整除的数，以及不能被 2 整除的数。

（3）引出奇数和偶数的概念，引导学生概括出：凡能被 2 整除的数叫偶数，不能被 2 整除的数叫奇数。

（4）用同样的方法教学能被 5 整除的数的特征。

从田巧云老师的教学设计中可以看到，要落实的基础知识是"掌握能被 2、5 整除的数的特征；理解奇数和偶数的意义"，要掌握的基本技能是"熟练判断一个数能否被 2、5 整除；判断一个数是不是奇数或偶数"。该设计在落实"双基"方面有以下特点：一是注重知识间的内在联系，如设置复习铺垫环节，重在突出倍数、约数、整除概念之间的内在联系，为新知教学做准备；二是对倍数特征的教学目标明确，如在 2 的倍数特征探究中，设计了两个指向性明确的问题；三是重视归纳概括的过程，如先通过讨论交流，发现能被 2 整除的数的个位上都是 0、2、4、6、8，再任意写几个较大的 2 的倍数来验证这一发现，最后归纳得到能被 2 整除的数的特征。同样，能被 5 整除的数的特征教学也是如此。

　　这一阶段的教学设计表现出"环环相扣，知识层层递进"的特点。课堂上教师预设多，提问指向性明确，重视对结论的归纳。这样的设计有利于学生对基础知识、基本技能的掌握。然而，由于学生对倍数特征的内涵缺乏自主探究的过程，使得学生缺失了对概念的自我感悟与理解，只是被动接受知识。另外，学习方式也较为单调，主要是通过"教师提问—学生回答"的方式展开教学。可见，这一时期教学设计的重点在于对"双基"的有效落实上。

2. 转变学习方式，凸显自主探索

　　2001 年颁布的《课标实验稿》对传统教学方式和学习方式作出了反思，提出培养学生创新精神和实践能力的核心理念，强调教学过程是师生交往、共同发展的互动过程；倡导自主探索、合作交流、猜想验证等学习方式；希望改变课程过于注重知识传授的倾向，强调形成积极主动的学习态度，让学生在获得基础知识和基本技能的过程中学会学习和研究。由此，这一阶段关于 2、5 的倍数特征的教学设计和课堂实施明显体现出"建构学习"的理念，如下面密士娜、张彦彬[①] 两位教师的教学设计。

环节一 创设生活情境，激发学习兴趣

（1）列举生活中的数或数字：班级人数、电话号码、书本页数等。

（2）判断这些数能否被 5、2、3 整除。

（3）激趣：想得到一种迅速判断的方法吗？

（4）揭示课题：能被 5、2、3 整除的数。

① 密士娜, 张彦彬.《能被 5、2、3 整除的数的特征》教学实录与评析 [J]. 教学与管理, 2004（5）: 68-70.

环节二 合作交流, 探究新知

（1）组数填表, 自主探究。

任务: 从 0~9 这几个数中, 任选三个数字组成一个三位数, 然后根据要求填表（表 6-1）。

表 6-1　任务单

所选的数		组成的数		能被 5 整除的数	
				能被 2 整除的数	
				能被 3 整除的数	

提问: 观察能被 5、2、3 整除的这些数, 每组数各有什么特征?（学生自主探究）

（2）探究能被 5 整除的数的特征。

问题 1: 观察能被 5 整除的数, 你发现了什么?

问题 2: 任意写一个个位是 0 或 5 的数, 算一算, 它能不能被 5 整除?

问题 3: 能被 5 整除的数有什么特征?

（3）探究能被 2 整除的数的特征。

问题 1: 观察能被 2 整除的数, 你发现了什么?

问题 2: 能被 2 整除的数有什么特征?

问题 3: 任意写一个个位是 0、2、4、6、8 的数, 看能不能被 2 整除。

揭示偶数、奇数的概念: 我们把这些能被 2 整除的数叫作偶数, 把不能被 2 整除的数叫作奇数。

（4）探究能被 3 整除的数的特征。

问题 1: 能被 3 整除的数有什么特征?

问题 2: 能根据个位上的数来判断吗? 有例外的情况吗?

问题 3: 小组内把所组成的能被 3 整除的几组数统计到一起, 观察它们之间有没有必然的联系。

学生探究并总结能被 3 整除的数的特征。

上述教学设计有以下三个特点。第一, 整合教材, 改变呈现方式。例如, 把

"能被 3 整除的数的特征"纳入"能被 5、2 整除的数的特征"中,扩充了教学内容,丰富学生对数的感知。并且,调整教材内容的顺序,将"能被 5 整除的数的特征"内容前置,体现学习由简单到复杂的认知过程。第二,以学生为主体开展探究活动,凸显学生的自主性。例如,教师始终引导学生开展观察、操作、猜想、推理、交流等数学活动,让学生自主发现并归纳特征。第三,经历知识的形成过程。例如,让学生通过"踮踮脚"——探究能被 5 整除的数的特征,"蹦一蹦"——探究能被 2 整除的数的特征,"跳一跳"——探究能被 3 整除的数的特征,经历知识的形成过程,培养学生推理、合作、概括等能力。

把两个课时的学习内容浓缩成一节课,这样的设计对教师和学生而言都具有较大的挑战性。不管是知识的密度还是探究的难度,都在原有的基础上有所增加,势必会减少学生独立思考和探究的时间。

3. 重视经验积累,迁移研究方法

在《课标实验稿》提出"双基"的基础上,《课标 2011 年版》进一步提出了"四基"概念,即基础知识、基本技能、基本思想和基本活动经验,其目的是通过数学学习,让学生不仅能把数学作为一种技术和手段,更要让他们学会思考,逐步培养抽象能力和逻辑推理能力。因此,这一阶段 2、5 的倍数特征的教学设计与课堂实施比较注重对学生基本活动经验的积累,以及基本思想方法的渗透,如下面罗晓亮老师[①]的教学设计。

环节一 常规积累

生活情境:电影院单双号入口。

导入新课:介绍单数和双数,从而揭示课题"2 的倍数特征"。

环节二 核心推进

(1)研究 2 的倍数特征。

教师提供百数表,让学生圈出所有 2 的倍数,并观察思考:这些 2 的倍数有

---

① 罗晓亮.."2、5 的倍数特征"教学设计 [J]. 湖南教育(下), 2012(6): 53-54.

什么共同特征?

学生猜想:个位是0、2、4、6、8的数就是2的倍数。

学生举例验证:扩大范围举例,举特例,尝试举反例。

解释规律:为什么个位是0、2、4、6、8的数就是2的倍数?

小组合作交流:从数的组成的角度,运用"若 a 和 b 同是 c 的倍数,则 $a + b$ 的和也是 c 的倍数"这一知识进行解释。以358为例:300是2的倍数,50也是2的倍数,个位上的8还是2的倍数,那么 $300 + 50 + 8$ 的和肯定是2的倍数。

追问:如果将个位上的8改为7呢?(强调只要考虑个位上的数即可)

形成结论:个位是0、2、4、6、8的数都是2的倍数。

(2)梳理研究方法,建立结构。

小结研究路径:确立研究范围(小范围)—观察发现、形成猜想—举例验证(扩大范围)、解释规律—归纳概括、形成结论。

(3)运用结构,自主研究5的倍数特征。

出示小组合作单,明确合作要求。(补充课题:2、5的倍数特征)

(4)总结5的倍数特征,归纳研究方法。

学生汇报:个位上是0、5的数都是5的倍数。

提问:怎样解释5的倍数特征?

学生汇报,教师重点引导根据数的组成进行分析、解释。

(5)对比2、5的倍数特征,找出共性。

思考:2的倍数特征与5的倍数特征有什么共性?为什么这两个数的倍数特征有这样的共性?

(6)归纳总结,感受"弃倍"思想。

共性:判断一个数是不是2或5的倍数,都只要看个位上的数。

解释:整十数、整百数、整千数等均是2或5的倍数,可以不考虑,因此只要看个位上的数是不是2或5的倍数即可。

上述教学设计有以下两个特点:一是把握学习起点,有效导入。分析学生认知起点,学生已具备因数和倍数的知识基础,且有了"单数""双数"的生活经验,对于 2、5 的倍数特征有一定程度的感知。因此,教师充分利用生活情境,将学生对"双数"的已有经验迁移到"2 的倍数"这一新知中来。二是注重积累活动经验,构建学习方法。该教学设计有效落实了"四基"理念,在让学生掌握基础知识和基本技能的基础上,关注学生基本活动经验的积累和基本思想方法的渗透。例如,通过探究 2 的倍数特征,引导学生建构"观察发现、形成猜想—举例验证、解释规律—归纳概括、形成结论"的学习方法,再将其迁移到 5 的倍数特征的自主探究中,充分展现了以生为本的价值取向。

4. 回归数学原点,追溯知识本源

好的教学设计应激发学生主动探索知识形成过程的内在需求,让学生深刻理解知识本质。从某种意义上讲,把握数学知识的本源是实现有效教学的根本。那么,如何帮助学生理解知识本质?笔者以为,核心是要解决知识"是什么""怎么样""为什么"的问题。笔者在梳理相关教学设计时,发现从知识本源出发进行特征探索的教学设计凤毛麟角,在此介绍胡晓敏、任敏龙两位教师[1]的教学设计。

环节一 谈话引入

开门见山:这节课我们研究 2 的倍数特征。

环节二 展开探究

(1)举例归纳,形成猜想。

请学生写出一些 2 的倍数,观察它们有什么共同的特征。

学生猜想:个位上是 0、2、4、6、8 的数都是 2 的倍数。

(2)检验猜想,丰富例证。

请学生写出一些个位是 0、2、4、6、8 的四位数或者更大的数,用计算器验证它们是不是 2 的倍数。

① 胡晓敏,任敏龙. 回到数学原点　澄清知识本质——"2、5 的倍数特征"教学与评析 [J]. 小学教学参考,2014(20):15-16.

提问：是不是2的倍数的个位数字必须是0、2、4、6、8呢？

猜想：2的倍数的个位数字是0、2、4、6、8。

检验：学生举出个位数字是1、3、5、7、9的数，经检验，它们都不是2的倍数。

师生小结：经检验，个位数字是0、2、4、6、8的数是2的倍数；2的倍数的个位数字是0、2、4、6、8。

环节三 聚焦数位，说理论证

（1）质疑：判断一个数是不是2的倍数为什么只看个位？

（2）猜想：把一个具体的数拆成由各个数位上的数组成的形式，如324 = 300 + 20 + 4，你有什么发现？

（3）分析讨论。

举例：每个小组选择5个或以上的数（含几个不是2的倍数的数）。

分析：拆成"各个数位上数之和"的形式，思考2的倍数与哪些加数有关。

讨论：为什么2的倍数特征只要看这些数的个位数字？

（4）解释说明。

方法一：如137 = 100 + 30 + 7，999 = 900 + 90 + 9，除了个位数字之外，其余数位上的数字所代表的数的个位都是0，已经是2的倍数了，所以只要看个位就可以了。

方法二：如258 = 25 × 10 + 8，8546 = 854 × 10 + 6，这些数可以表示成"□ × 10 + □"的形式，其中"□ × 10"肯定是2的倍数，所以只要看个位就可以。

方法三：所有的数都能拆成"…… + □ × 1000 + □ × 100 + □ × 10 + □"的形式，除了个位数字之外，其他数位上的数字所代表的数都已经是2的倍数了，所以判断一个数是不是2的倍数，只要看这个数的个位数字是不是2的倍数。

上述教学设计有以下两个特点。

一是注重特征互逆关系的教学，凸显本质。2的倍数特征是：个位上是0、2、4、6、8的数一定是2的倍数；反之，是2的倍数的数，其个位上一定是0、2、4、6、8中的一个。类似得到5的倍数特征。上述教学设计从辩证的角度进行倍数特征的教学。例如，先猜想"个位上是0、2、4、6、8的数都是2的倍数"，让学生写出一些个位是 0、2、4、6、8 的四位数或者更大的数进行验证，从而理解特征；再提出猜想"2 的倍数的个位数字是 0、2、4、6、8"，让学生写出个位数字不是 0、2、4、6、8 即是 1、3、5、7、9 的数进行验证。这种互逆关系的教学过程让学生对特征的感知更全面、更完整。

二是注重数学原理的探讨，凸显概念本质。判断一个数是不是 2、5 的倍数为什么只要看个位？在以往的教学中，教师对于原理的探讨大多是一带而过甚至从不涉及，而胡晓敏、任敏龙两位教师的教学设计则向我们展示了数学原理的重要性。2、5 的倍数特征与位值制紧密相关，教师通过问题驱动的方式让学生对数进行拆分，并在讨论分析中理解原理。有了对原理的充分体验与理解，学生之后学习 3 的倍数特征时，就能自主迁移 2、5 的倍数特征的研究经验，推理得到为什么判断一个数是不是 3 的倍数，要看这个数各数位数字之和。可见，从本源上解读知识内涵，可帮助学生掌握知识本质，也为后续的探索研究做了知识和思想上的准备。

综上所述，不同时期关于 2、5 的倍数特征的教学设计存在着一定的差异。这些差异没有好坏之分，只是在一定的历史背景下，由于教学所追求的目标不同，从而影响着教学环节的设计。笔者以为，不管历史如何演变，我们既要重视并保证"四基"的有效落实，又要突出数学知识本质。这样的课堂教学对教师的要求更高，对学生数学素养的要求也较高。但我们相信，教学之路只有不断继承、发展，不断创新，才会走得更远。

三、练习设计

练习具有两大教学功能：一是检测教学效果；二是巩固并拓展新知。研究不同时期的练习设计，不仅能让我们看到教师对教学的把握情况及其教学理念，也为后续的练习设计提供有益参考。笔者查阅了大量文献资料，现将 2、5 的倍数特征相关练习按难易程度分为以下三类：基础性练习、综合性练习和应用性练习。下面，分别对这三类练习作出分析。

1. 设计形式多样的基础性练习

笔者发现，不同时期的教师均能针对 2、3、5 的倍数特征相关概念设计出形式多样的基础性练习，题型主要包括填空题、判断题、选择题等。主要涉及的内容是根据特征判断一些数是否能被 2、3、5 整除，以及判断一个数是不是奇数或偶数。下面，试对两份具有代表性的基础性练习作简单分析。

基础性练习 1（田巧云，1995 年 [①]，如图 6-1、图 6-2 所示）：

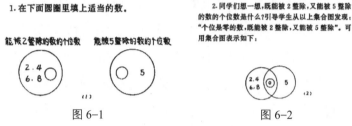

图 6-1   图 6-2

从田巧云老师设计的这两道基础性练习中可以看出，田老师设计精巧。图 6-1 中的练习是针对能被 2 整除的数的特征和能被 5 整除的数的特征这两个基本概念而设计的一道巩固型基础练习。图 6-2 中的练习在前一题的基础上作了适当拓展，并借助韦恩图直观揭示能同时被 2 和 5 整除的数的特征。

基础性练习 2（洪日，2000 年 [②]，如图 6-3 所示）：

图 6-3

洪日老师设计的这道基础性练习虽然是简单的填空题，但也是取之有道，合理运用了课堂上的生成资源，并将其设计成基础巩固题，以检测学生对 2、5 的倍数特征相关基础知识和基本技能的掌握情况，可谓一举两得。

2. 重视综合性练习的设计

学生在课堂上所学到的知识大多是零散的，如何将这些知识进行整合，让学

① 田巧云 ."能被 2、5 整除的数的特征"教学设计 [J]. 甘肃教育，1995（3）：31+30.

② 洪日 . 抓住特征、总结规律　培养学生抽象思维能力——"能被 2、5 整除的数"教学设计 [J]. 辽宁教育，2000（1/2）：87-88.

生能进行灵活运用，就要看教师如何设计有效的综合性练习，一方面帮助学生巩固知识，提升综合运用知识的能力，另一方面发展学生数学思维的灵活性和深刻性。下面，试对三份综合性练习作简单分析。

综合性练习1（田巧云，1995年[①]，如图6-4所示）：

3.在下列数中选择适当的数填在括号里。

360　72　84　78　105　55　37　80　600

能被2整除的数有（　　　）；能被5整除的数

有（　　　）；既能被2整除，又能被5整除的数有

（　　　）。

图6-4

综合性练习2（密士娜、张彦彬，2004年[②]，如图6-5所示）：

2.根据要求填表

	60	75	106	837	730	2010
能被5整除的数						
能被2整除的数						
能被3整除的数						

思考：（1）能同时被5、2整除的数有什么特征？（2）能同时被5、2、3整除的数有什么特征？

图6-5

上述两份综合性练习主要考查学生灵活运用2、3、5的倍数特征来解决问题的能力，注重知识的整合，但呈现形式不同，有提问、填空、列表等类型。

综合性练习3（罗晓亮，2012年[③]，如图6-6所示）：

2.排一排：按要求用0、4、5三个数字组成一个三位数。（思考：如何才能不重复、不遗漏？）

（1）使它成为2的倍数；（2）使它成为5的倍数；

（3）使它成为既是2的倍数，又是5的倍数。

图6-6

---

① 田巧云．"能被2、5整除的数的特征"教学设计 [J]．甘肃教育，1995（3）：31+30.

② 密士娜，张彦彬．《能被5、2、3整除的数的特征》教学实录与评析 [J]．教学与管理，2004（5）：68-70.

③ 罗晓亮．"2、5的倍数特征"教学设计 [J]．湖南教育（下），2012（6）：53-54.

罗老师的练习设计层次分明，综合性较强，并渗透了有序思考等数学方法。笔者发现，这类综合性练习的出现频率较高，被多数教师采纳并认可。

3. 注重应用性练习的设计

《课标 2011 年版》对"知识技能"的阐述中包含这样一条：参与综合实践活动，积累综合运用数学知识、技能和方法等解决简单问题的数学活动经验。也就是说，要求学生在理解的基础上，把对象用于新的情境。笔者发现，2001 年至今有关 2、5 的倍数特征的练习设计中，重视对核心概念及其关键特征的理解与应用，重视在问题解决中培养学生的应用能力。下面，试对两份应用性练习作简单分析。

应用性练习 1（密士娜、张彦彬，2004 年 [1]，如图 6-7 所示）：

> **4. 猜一猜**
>
> 老师家的电话号码由 7 位数组成，根据下面的提示，你能猜出来吗？
>
> 从左边起：第一位是最大的一位偶数；第二位是最小的奇数；第三位是 7；第四、五位是成语"（　）颜（　）色"中的数；第六位是最小的偶数；第七位是能被 3 整除的最大一位数。

图 6-7

应用性练习 2（李宝江，2002 年 [2]，如图 6-8 所示）：

> **2. 下面我们一起做《报数起立》与《离开教室》的游戏。**
>
> ①学号是 2 的倍数的学生，请从小到大报数并起立。
>
> ②学号能被 5 整除的数的学生，请从小到大报数并起立。
>
> ③学号既有约数 2，又有约数 5 的学生，请从小到大报数并起立。
>
> ④学号是奇数的学生，请从小到大报数并走出教室。
>
> ⑤学号是偶数的学生，请从小到大报数并走出教室。

图 6-8

① 密士娜，张彦彬.《能被 5、2、3 整除的数的特征》教学实录与评析 [J]. 教学与管理，2004（5）：68-70.

② 李宝江."能被 2、5 整除的数的特征"教学实录 [J]. 小学教学设计，2002（2）：23-24.

以上两道应用性练习有以下两点共性：一是注重联系学生的生活实际，突出趣味性。例如，密士娜、张彦彬两位教师设计的"猜一猜"应用性练习，以老师家的电话号码为素材，十分贴近学生的生活，变枯燥的练习为生动的解码游戏，使学生在猜测老师家电话号码这一好奇心的驱动下主动解决问题。李宝江老师的应用性练习设计也有异曲同工之处，创设"报数起立""离开教室"的游戏情境，引导学生主动思考，自主解决问题。二是注重知识整合，培养学生的发散性思维。例如，密士娜、张彦彬两位教师将奇数与偶数，2、3、5的倍数特征，数位原理以及成语等知识进行了有效整合，李宝江老师将2、5的倍数特征，奇数与偶数，以及数的大小排序进行了整合，在综合运用知识解决问题的过程中培养学生的发散性思维。

第二节 同课异构研究

一、同课异构的含义与价值

1. 同课异构的含义

所谓"同课异构"，是指对同一个课题、同一个教学内容采用不同的课堂教学结构来教学。对"2、5的倍数的特征"一课进行同课异构，且每一个教学设计围绕不同的侧重点展开，如侧重学生的学习方式，侧重学习内容的整合，侧重学生的个体学习差异等。侧重点不同，教学目标、教学环节和结构也会有所不同。

2. 同课异构的价值

对"2、5的倍数的特征"一课进行同课异构，使得教学能从不同的角度切入，不断探寻新的教学目标、教学途径，探索2、5的倍数特征不同的教学价值，并在探寻与创新中积极反思、认真比较，不断完善"2、5的倍数的特征"一课的教学。同时，也可为一线教师提供多种教学方案，让教师能够根据学情和自身情况，从中选择一种适合自己的教学方案，以达到最佳的教学效果。

二、同课异构教学设计案例

笔者梳理并分析了不同时期关于"2、5的倍数的特征"一课的教学设计，在吸收前人优秀做法的基础上，我们从不同角度出发，对这一课做了新的教学尝试，每一种课型的特色都十分鲜明。下面，作具体介绍。

1. 基于学生差异的分层教学设计研究

所谓差异教学，是指基于班级授课制，立足学生差异，从真实学情出发展开教学，使不同层次的学生都能得到充分的发展。美国学者荷克丝（Diane Heacox）对差异教学作了具体说明，主要包括以下四个方面：① 差异教学是在班集体教学中，利用并兼顾学生个体差异的教学；② 差异教学是建立在教育测查和诊断基础上的教学；③ 差异教学的教学目标是"保底不封顶，促进学生的最大发展"；④ 差异教学是多元化弹性组织管理下的教学，它要求教师对整个教育环境进行组织，特别是对教学内容、方法策略、学生安置、组织形式及教学评价实行多元弹性管理[①]。

我们认为，学生的差异是宝贵的教学资源，且差异是客观存在的，教师只有正视差异，面对有差异的学生实施有差异的教学，才能促进每一个孩子在其原有的基础上得到充分发展。

基于学生差异的分层教学可以这样设计。

环节一 谈话引入

课始，教师让学生说一说关于 2、5 的倍数特征已经知道了哪些内容，还想了解哪些内容。教师根据学生的回答，揭示课题"2、5 的倍数的特征"。

环节二 认识 2、5 的倍数特征

教师向学生说明学习要求：老师给每位同学都准备了一个信封，每个信封里都有四种智慧卡，分别是智慧卡 A、智慧卡 B、智慧卡 C、智慧卡 D。每张卡片上都有关于 2、5 的倍数特征的针对性问题，也是一些可以帮助你开展探究的学习提示。你可以先看智慧卡 A，如果你觉得解决智慧卡 A 上的问题有困难，那么可以重新选择智慧卡 B；如果你觉得还有困难，那么就再选择智慧卡 C；如果智慧卡 C 上的问题还不能解决，就看智慧卡 D。其中，智慧卡 A 上的问题最难，智慧卡 D 上的问题

---

① 荷克丝 . 差异教学——帮助每个学生获得成功 [M]. 杨希洁，译 . 北京 : 中国轻工业出版社，2004.

最简单,你可以根据自身情况来评估自己该从哪张卡片开始研究。如果你认为某张卡片上的问题比较简单,那么你可以跳过这张卡片,选择难度更高的卡片。

环节三 交流反馈智慧卡

可以让完成智慧卡 A 的学生帮助选择智慧卡 C 和智慧卡 D 的学生,在学生与学生之间的交流与互助中,让每名学生都能有所收获。反馈时,注意不能让选择智慧卡 D 或智慧卡 A 的学生先汇报,这样会导致教学起点太低或太高,而是应该让选择智慧卡 B 或智慧卡 C 的学生先汇报,然后让选择智慧卡 A 的学生解释其中的原理。

环节四 课堂总结与作业布置

(略)

下面,针对环节二中四类智慧卡的设计作具体说明。

思考 如果由你来设计 A、B、C、D 四种智慧卡,你会选择哪些方面的内容展开具体设计? 设计时需要注意些什么?

笔者基于学生的思维水平层次划分表(表 5-8)进行 A、B、C、D 四种智慧卡的设计。其中,智慧卡 A 的难度最高,对应水平 6 的学生;智慧卡 D 的难度最低,对应水平 0 和水平 1 的学生。那么,每种卡片的设计要把握哪些原则? 又该设计怎样的问题以满足不同层次的学生? 下面,以"2 的倍数特征"研究为例,阐述四类智慧卡的设计。

(1)智慧卡 D,关注后进生的认知水平

智慧卡 D 对应数学能力较弱的学生。要让这部分学生得到发展,教师就要充分了解这些学生的思维过程,创设能让他们拾级而上的问题,为学生能够自主研究 2 的倍数特征提供一条可行的学习路径。也就是说,让学生沿着基于其自身思维水平层次的学习路径,自主探索个性化问题,并逐步得出结论。

笔者以为,探索 2 的倍数特征,首先要让这部分学生关注个位,因此教师需要设计聚焦个位的问题。其次要让学生关注哪些数是 2 的倍数,或不是 2 的倍数。在此基础上,让学生聚焦 2 的倍数的个位数字,待他们初步发现 2 的倍数与这个数的个位数字之间的关系后，让学生举例，并说一说 2 的倍数有什么特征。基于这样的思考，笔者设计了如下问题。

【智慧卡 D】想一想，做一做

① 20　30　50　80

　　12　32　62　92

　　36　56　86　46

a. 第一行数，个位上的数字都是几？像这样的数，你还能写出两个吗？试一试。

b. 第二行数，个位上的数字都是几？像这样的数，你还能写出两个吗？试一试。

c. 再看第三行数，你发现了什么？

② 20、30、50、80，这些数都是 2 的倍数吗？个位上是 0 的数都是 2 的倍数吗？请你再写出几个像这样的数。

③ 有人认为，如果一个数的个位数字是 0，那么这个数就是 2 的倍数。你觉得这句话对吗？

④ 下面哪些数是 2 的倍数？

　　　　　　　60　31　70　53　90

不难发现，笔者对每个问题都作了细致分解，让学生一步步解决问题，以降低学习难度。以问题 ① 为例，这组数据的特征十分明显且层次分明，要求学生逐行观察每组数的个位数字。首先观察个位是 0 的数，再观察个位是 2 的数，最后观察个位是 6 的数，并仿写这样的数，让学生逐步发现特征。

由于选择智慧卡 D 的学生的数学能力较弱，需要花较长的时间才能解决问题，因此其间可为其他层次的学生设计相关练习，此练习可根据本班学生的特点自主设计。

（2）智慧卡 C，问题指向性明确且具备可操作性

智慧卡 C 对应数学能力一般的学生。针对这部分学生，要设计探究空间相对较小的问题，提示语要指向对方法和探究策略的指导，主要考查陈述性知识，不

涉及"为什么"的策略性知识。并且，问题应指向性明确，学生易思考、易操作。

由于这一层次的学生只知道倍的特征，因此可以让他们先算一算 2 的倍数有哪些；接着观察 2 的倍数有什么特征，并写一写发现的特征；最后根据所发现的特征进行举例。通过不断归纳、举例，让学生逐渐明晰 2 的倍数特征。下面，试举一例智慧卡 C 的问题设计。

【智慧卡 C】想一想，做一做

① 想一想，算一算：下面这些数是 2 的倍数吗？

20　56　84　72　35　128　59

② 写一写：观察上面是 2 的倍数的数，它们有什么特征？

③ 试一试：你还能举一些例子来说明 2 的倍数的特征吗？

（3）智慧卡 B，注重学习方法和探究策略的指导

智慧卡 B 对应数学能力中等的学生。针对这部分学生，要设计探究空间相对较大的问题，提示语除了要指向对学习方法和探究策略的指导，还要实现学生对概念的深层次理解。设计的问题指向有关联的事实性问题，对"为什么"的策略性知识一般不涉及。下面，试举一例智慧卡 B 的问题设计。

【智慧卡 B】请你仔细想一想，做一做

① 下面这些数中，哪些是 2 的倍数？

34　58　136　751　83

② 先写出几个 2 的倍数，再写出几个不是 2 的倍数的数。

③ 写一写：2 的倍数有什么特征？ 5 的倍数有什么特征？

④ 试一试：你还能举一些例子来说明 2 的倍数的特征吗？

首先让学生判断哪些数是 2 的倍数；然后分别写出几个 2 的倍数，以及不是 2 的倍数的数，通过举正例和反例让学生进一步感受 2 的倍数的特征；进而让学生归纳总结 2 的倍数特征和 5 的倍数特征；最后通过举例来进一步说明特征。不难发现，相对于智慧卡 C 来说，智慧卡 B 不管是在问题设计上，还是在难度上，都上升了一个层次，让学生在判断、举例、归纳中不断加深对 2 的倍数特征的理解。特别地，进一步提出了探究 5 的倍数特征的要求。

（4）智慧卡 A，凸显"为什么"的策略性知识

智慧卡 A 对应数学能力强的学生，因此问题的设计要具有开放性、探究性，涉及"为什么"的策略性知识，并给予学生运用新知的机会。例如，可以这样设计——

【智慧卡 A】请你解决下面的问题

① 写一写：2 的倍数有什么特征？ 5 的倍数有什么特征？

② 为什么 2 的倍数有这样的特征？ 5 的倍数呢？

③ 如果有同学不知道 2、5 的倍数特征，那么你打算怎样让他明白 2、5 的倍数特征？请写一写你的教学方案。

问题 ① 直接要求学生写出 2、5 的倍数特征；问题 ② 指向数学原理，探究为什么会有这样的特征；问题 ③ 则是更上一层楼，不仅自己要会，还要让别人也会，对于这一层次的学生来说，这是一个极大的挑战。

基于学生思维水平层次的差异设计教学，可以为教师的教学带来新的思路。教师首先需要调查分析每名学生的思维水平层次，然后根据学生不同的思维水平层次设计相应的学习路径。学生思维水平差异下的分层教学，才能真正做到因材施教、因需发展，并让不同思维水平层次的差异化资源成为学生学习的有益资源。

2. 基于任务驱动的教学设计研究

任务驱动是一种建立在建构主义教学理论基础上的教学法。基于建构主义的教学设计理论强调，学生的学习活动必须与大的任务或问题相结合，让学生在真实的教学情境中带着任务学习，以探索问题的方式来驱动和维持学习者学习的兴趣和动机，在完成实际任务的过程中完成知识的学习任务，并从中提升认知能力

和处理问题的能力 [①]。

　　数学课程强调学生是学习活动的主体,数学学习是学生主动建构数学知识的活动,因此从某种意义上来说,数学教学需要以任务作驱动。一般地,我们可以把驱动任务分为以下几类:探究性任务、操作性任务、表演性任务、应用性任务和思辨性任务等。并且,任务的性质也是多样的,包括探究性、创造性、实践性、质疑性及沟通性等。不管是何种任务,都应该聚焦教学重点和难点,可以是一个或多个具有较强思辨性的问题探究,或是探究性较强的项目研究等。于学生而言,完成任务的过程不再是简单的知识获取过程,更多的是指向学生核心素养的发展。

　　那么,就"2、5的倍数的特征"一课的教学,需要为学生创设怎样的任务驱动? 基于任务驱动的课堂教学又该如何设计? 下面,介绍两个基于任务驱动的教学方案设计:一个侧重合作与交流,趋向于探究性任务;另一个侧重自学与提问,趋向于思辨性任务。

（1）从合作与交流的探究性任务角度设计教学

　　数学课堂上,学生之间的小组合作学习是一种常态。如果学生在探究性任务的驱动下开展自主合作与交流式学习,那么这样的学习可能更有效。基于这一角度进行设计,教学环节可以这样展开。

环节一 在百数表中找出2的倍数和5的倍数

　　课始,教师给每名学生提供一张百数表,要求学生在百数表中找出2的倍数和5的倍数。

　　任务要求:

　　① 找一找2的倍数,并用"○"标记。

　　② 找一找5的倍数,并用"△"标记。

　　③ 想一想,哪些数同时标了"△"和"○"?

---

① 严育洪.让学习真正发生——小学数学任务驱动式教学解读与实施 [M].济南:山东文艺出版社,2017.

环节二 探究 2、5 的倍数特征

任务①：想一想，写一写。先独立思考 2 的倍数可能有哪些特征，5 的倍数可能有哪些特征，再尽可能多地写出 2 的倍数特征和 5 的倍数特征。

任务②：针对自己写出的特征，尝试作出解释、说明或验证，即说一说 2、5 的倍数为什么有这样的特征。如果自己说明有困难，可以与组内的同伴交流。

任务③：整理自己的成果（思路），准备小组汇报。也就是说，梳理一下你发现的特征以及要说明的理由，并思考你准备在小组交流中说些什么。

任务④：小组交流，组内成员轮流说明。其他组员发言时，如果你听不懂或有疑问，要及时提出来；如果你觉得小组成员没有说完整，可以补充。

任务⑤：小组内整理并记录成果（思路），准备全班汇报。记录的内容主要包括小组内一致认可的 2 的倍数特征、5 的倍数特征，以及这样认为的理由。

任务⑥：全班交流。当一个小组的代表发言时，其他同学都要认真倾听，并思考他们小组的这个结论是否正确。如果其他小组说的特征是你们小组所没有想到的，且这个特征是正确的，那么小组记录员就要及时记录这个特征。

【说明】任务①属于探究性任务，让学生先自主思考，再动手写一写；任务②属于实践性任务，重点不在于学生说得怎么样，而在于学生亲身参与的实践过程；任务③属于思辨性任务，让学生自主梳理思路；任务④属于质疑性任务，鼓励学生对他人的观点提出疑问；任务⑤属于思辨性任务，要求学生对本组结果进行归纳总结；任务⑥属于质疑性任务，同样鼓励学生对他人的观点作出自己的思考。

环节三 利用 2、5 的倍数特征解决问题

任务①：猜数游戏

a. 一个两位数，它十位上的数字是 8，猜一猜这个数可能是多少。如果这个数又要是 2 的倍数，那么它可能是多少？如果这个数还要是 5 的倍数，那么它又是多少？

b. 一个两位数，它十位上的数字是 4，它不仅是 5 的倍数，还是 2 的倍数。请说出这个数。（如果有困难，可以和同桌讨论）

任务②：花店里，玫瑰、郁金香、马蹄莲的价格如图（图 6-9）所示。妈妈在

花店买了一些马蹄莲和郁金香，付了 50 元，找回 13 元。你能快速帮妈妈判断店员找回的钱对不对吗？

图 6-9

【说明】任务 ① 属于探究性任务，设计目的很明确，让学生综合利用 2、5 的倍数特征写出符合要求的两位数。学生在猜数的过程中，需要综合考虑十位数字、个位数字与倍数特征之间的关系。即：2、5 的倍数特征与十位数字无关，十位数字确定后，根据 2 的倍数特征或 5 的倍数特征，就能判断出个位可以是哪些数字，从而确定两位数是多少。此任务将学生的思考聚焦到个位，充分把握 2、5 的倍数特征的本质属性。任务 ② 属于应用性任务，结合生活情境，考查学生能否综合利用 2、5 的倍数特征来解决问题，同时也是对学生说理能力的考查。

环节四 课堂总结与作业布置

（略）

以上教学设计，核心在第三个环节。在合作与交流的探究性任务驱动下，学生经历了有意义的质疑、对话等活动，通过师生、生生之间的互动交流，促进学生思维与表达能力的发展。

（2）从自学与提问的思辨性任务角度设计教学

传统的课堂教学中，学生接受式学习较多，且部分学生难以长久地保持注意力，出现"走神"的现象。而在任务驱动式教学中，任务的趣味性和挑战性可以激发学生的学习兴趣，使他们能长时间地投入学习活动中。于教师而言，开展自学与提问的思辨性任务教学，可以减少对课堂纪律的组织与管理，突出对学生自学能力与提问能力的培养。

基于这一角度进行设计，教学环节可以这样展开。

环节一 根据课题，提出问题

出示课题：2、5的倍数特征。

提问：想一想，根据课题你能提出哪些问题？或者说，这节课可能要研究什么问题？

教师选择学生提出的典型问题，并将其分成三类：第一类是"是什么"的问题，如"2或5的倍数特征是什么"；第二类是"为什么"的问题，如"2的倍数为什么个位数字都是双数""判断一个数是不是2或5的倍数，为什么只要看个位"；第三类是"有什么用"的问题，如"学习2、5的倍数特征有什么用"。

环节二 自学课本，解决部分问题或全部问题

教师组织学生自学课本，给学生留出充足的自学时间（一般10分钟左右），让学生尝试解决问题，并给出如下自学步骤：

① 课本上哪些知识可以帮助你解决问题？请用铅笔划出相应的概念，并思考它们分别能解决哪些问题。

② 遇到不明白的问题，可以在书上打上大大的"？"，等会儿可以请教组内同学。

③ 如果你有新的想法，可以在书上作批注。

环节三 尝试解决课本上的基础练习

教师要求学生尝试解决课本上的基础练习，做完后同桌交换批改，有疑问的地方互相讨论并解决。

环节四 继续提出问题并汇总问题

任务要求：

① 问题分两类提出：一类是自己知道答案且要考考同学的问题（用☆标识），另一类是自己不知道答案而要请教同学的问题（用★标识）。

② 先同桌互相提问，并记录问题；再四人一组，以"对抗赛"的形式进行提问并作出回答；最后小组汇总问题。

【说明】这样的教学，让学生在不断提问和回答的过程中进行思辨，取长补短，互相进步。如果学生提出的问题质量较高，那么学习效果肯定也会更好；如果学生提出的问题质量不高，或不太会提问，那么教师就要为学生提供问题清单，

让他们参考学习。问题清单设计参考如下：

☆ 2 的倍数特征是什么？ 5 的倍数特征是什么？

☆ 你能举例说明哪些数是 2 的倍数，哪些数是 5 的倍数吗？

☆ 什么样的数既是 2 的倍数，又是 5 的倍数？

★ 如何用自己的语言解释什么是 2 的倍数特征，什么是 5 的倍数特征？

★ 为什么个位上是 0、2、4、6、8 的数就是 2 的倍数？

★ 为什么个位上是 0 或 5 的数就是 5 的倍数？

★ 为什么个位上是 0 的数同时是 2 和 5 的倍数？

以上问题也可让学生自学课本时自主思考，让学生边自学边思考，提高学生自学的质量。

环节五 小结归纳，巩固练习

（略）

上述教学环节是在"提出问题"的任务驱动下展开的思辨性活动，有利于提高学生提出问题的能力，同时培养学生的思辨能力。

3. 基于深度学习的教学设计研究

所谓深度学习，是指在教师的引领下，学生围绕具有挑战性的学习主题，全身心积极参与、体验成功、获得发展的有意义的学习过程。在这个过程中，学生掌握学科的核心知识，理解学习的过程，把握学科的本质及思想方法，形成积极的内在学习动机、高级的社会性情感、积极的态度、正确的价值观，成为既具有独立性、批判性、创造性，又有合作精神、基础扎实的优秀学习者[1]。

小学数学深度学习则是在教师的引领下，学生围绕具有挑战性的学习主题，全身心积极参与、体验成功、获得发展的有意义的数学学习过程[2]。在这个过程中，学生经历从具体到抽象、运算与推理、数据分析与问题解决等过程，获得数学核心知识，

---

[1] 刘月霞，郭华．深度学习：走向核心素养（理论普及读本）[M]．北京：教育科学出版社，2018.

[2] 马云鹏．深度学习：走向核心素养（学科教学指南·小学数学）[M]．北京：教育科学出版社，2019.

把握数学本质和思想方法，提高思维能力，发展核心素养，形成积极的情感、态度和正确的价值观，逐渐成为既具有独立性、批判性、创造性，又有合作精神的学习者。

思考 你认为深度学习理念下的教学设计应把握哪些原则？

笔者以为，深度学习下的教学设计应把握以下三条原则：一要精心设计问题情境和学习任务；二要在具有挑战性的问题引领下，引发学生的认知冲突，组织学生展开深度探究；三要关注对学生的即时评价与持续性评价。下面，介绍如何就"2、5 的倍数的特征"一课引领学生深度学习。

一篇好文章通常有一条明线和一条暗线贯穿全文，一堂好的数学课也是如此。其中，明线是对数学知识的理解与掌握，暗线则是学生对学习方法的习得、对数学思想方法的感悟等。基于这样的认识，设计如下教学环节。

环节一 分类

教师出示一组数：74、238、49、127、502、16、80、83、61、305。要求学生将这些数分成两类：一类是能被 2 整除的数，另一类是不能被 2 整除的数。

环节二 研究能被 2 整除的数的特征，建立结构

研究步骤：

① 写出一些数，找出其中能被 2 整除的数。

② 观察这些能被 2 整除的数，找出它们共同的特征。

③ 再写出一些能被 2 整除的数，看看这些数是否也有这样的特征。

归纳：个位上是 0、2、4、6、8 的数，都能被 2 整除。

【说明】本环节，教师为学生提供了思路清晰的学习路径，让学生根据这一学习路径自主探究，引导学生经历"观察发现—形成猜想—举例验证—归纳总结"的过程，并为学生后续研究能被 5 整除的数的特征提供研究思路，积累学习方法。

环节三 迁移结构，研究能被 5 整除的数的特征

提问：根据研究"能被 2 整除的数的特征"的过程，你能试着研究能被 5 整除的数的特征吗？

猜想：能被 5 整除的数会有什么特征？

举例：你能举例验证你的猜想吗？请写出一些数，试着去验证它。

任务：观察这些能被 5 整除的数，找出它们共同的特征。

归纳：个位上是 0 或 5 的数，都能被 5 整除。

【说明】本环节，迁移"能被 2 整除的数的特征"的研究路径，让学生自主探究能被 5 整除的数的特征。这种主动建构的学习方式将数学学习引向更深处，使得学生将"观察发现—形成猜想—举例验证—归纳总结"这一学习方法上升为数学模型，并能将这一模型加以运用。

环节四 对特征作出解释说明

提问：哪些数能被 2 整除？为什么？哪些数能被 5 整除？为什么？

要求：组内交流想法，每人轮流说一说，之后全班汇报交流。

【说明】本环节引导学生利用能被 2 整除的数的特征、能被 5 整除的数的特征这两个概念来进行判断，而对于特征的说理则是一个较为复杂的过程，因此先让学生在小组内充分发表意见，再全班汇报交流，最终形成共识。

环节五 研究能同时被 2 和 5 整除的数的特征

提问：能同时被 2 和 5 整除的数有什么特征？你能举例说明吗？

环节六 总结归纳，巩固练习

（略）

基于深度学习的教学设计，重点在于精心设计学习任务，也就是精心设计研究步骤。上述教学设计中，环节三和环节四是本节课的核心部分，两者在思维方式和学习方式上都具有共性，让学生经历模型建构、迁移、运用的全过程，使学习从模仿走向自主，并向深处不断漫溯。

第七章　准备课与拓展课研究

本章主要介绍有关"2、5的倍数的特征"的准备课与拓展课的设计与实施。这里所说的准备课，指的是在学生学习"2、5的倍数的特征"这一内容之前，我们可以设计一些具有准备性、孕伏性的内容作为铺垫式学习，为后续"2、5的倍数的特征"一课的学习积累生活经验和基本的数学活动经验。而拓展课的设计，则是在学生学习了2、5的倍数特征之后，根据学生的需求，为他们提供相应的拓展性学习内容，以拓宽学生的数学视野，丰富数学情感。

第一节　准备课研究

一、准备课的含义与价值

习惯上，我们按照知识属性，可以把课分为概念课、计算课等；按照学习要求，可以分为新授课、练习课、复习课等。当然，根据知识学习的状态，也可以分为准备课、常规课和拓展课。"2、5的倍数的特征"的准备课设计可以有以下两条路径：从"单数和双数的认识"到"奇数和偶数的认识"；从"倍的认识"到"倍数和因数的初步认识"。

研究"2、5的倍数的特征"的准备课，是为其常规课教学打基础。从学习认知的角度而言，数的整除性特征对于小学生来说比较抽象，学习时有一定的困难，如果在常规课教学之前，学生能对2、5的倍数特征有一些生活经验的积累和数学活动的感悟，将会有利于常规课的顺利开展。从教师专业发展的角度而言，既能促使教师思考应采取怎样的教学方法和形式才能更有利于学生学习，也能促使教师合理地重组教材、开发课程内容，进一步提升课程开发的能力。

二、准备课"奇数与偶数"的教学设计与实施

奇数和偶数是"2、5 的倍数的特征"一课中的重要概念，大多数教材都将这一内容安排在"因数和倍数"部分。其实，学生在日常生活中经常会遇到与奇数和偶数相关的事情，且大多称之为单数和双数。因此，有必要让学生感悟奇数和偶数的一些基本性质，积累相关活动经验，为正式学习奇数和偶数做好经验与思想上的准备。下面，试看一则改编的案例[①]，该案例适用于一、二年级。

环节一 谈话引入，明确要求

1. 揭示课题：认读奇数和偶数。

2. 提出问题：什么是奇数？什么是偶数？怎样辨别奇数和偶数？

环节二 活动体验，掌握方法

1. "找同伴"活动。

（1）教师出示图 7-1，提问：一共有几只鞋子？哪 2 只鞋子可以配成一双？

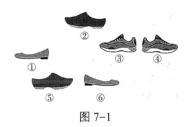

图 7-1

生：一共有 6 只鞋子，① 与 ⑥ 可以配成一双，② 与 ⑤ 可以配成一双，③ 与 ④ 可以配成一双（图 7-2）。

图 7-2

（2）教师出示图 7-3，提问：一共有几只鞋子？哪 2 只鞋子可以配成一双？

---

① 陈加仓. 小学数学拓展课：教什么，怎么教 [M]. 北京：中国人民大学出版社，2017.

图 7-3

生：① 与 ④ 可以配成一双，③ 与 ⑤ 可以配成一双，② 号鞋子没有"朋友"（图 7-4）。

图 7-4

（3）小结：6 只鞋子，每只鞋子都能找到一个"同伴"配成一双，所以 6 是双数，又叫偶数。5 只鞋子，其中 1 只鞋子找不到"同伴"，非常孤单，所以 5 是单数，又叫奇数。

【说明】此环节通过配对游戏，学生经历了三次经验积累的过程。第一次是分类的过程，把相同款式的鞋子分在一起；第二次是配对的过程，渗透一一对应的思想；第三次是基于前两次的配对过程，感受分完（除尽）和分不完（除不尽）。借这样一个活动，使学生真切地感受到双数只鞋子配对后没有剩余，这样的数称为偶数；单数只鞋子配对后有剩余，这样的数称为奇数。如此，在双数和偶数、单数和奇数之间自然地建立联系，同时为偶数和奇数概念找到了较好的生活原型。

2. 寻找身边的奇数和偶数。

（1）身体部位的数目，哪些是奇数？哪些是偶数？

学生举例：每人有 2 只手，2 是偶数；1 只手上有 5 根手指，5 是奇数；2 只手上共有 10 根手指，10 是偶数；每人有 1 个鼻子，1 是奇数；每人有 2 只耳朵，2 是偶数；每人有 10 个脚趾，10 是偶数……

（2）如果把你们全家人的手、手指、鼻子、耳朵和脚趾的数量分别相加，结果是奇数还是偶数？你是怎样思考的？

生：我家有 3 个人，一共有 30 根手指，30 个脚趾，它们都是偶数。

生：我家也有 3 个人，一共有 3 个鼻子，3 是奇数，有 6 只耳朵，6 是偶数。

……

（3）日常生活中，到处都有奇数和偶数，你能找到吗？

学生举例：1 张桌子，1 是奇数；4 张椅子，4 是偶数；班级里有 26 位同学，26 是偶数；1 个书包 200 元，200 是偶数……

【说明】有了之前对奇数和偶数概念的初步理解，本环节从学生熟悉的身体部位入手，寻找身体上的奇数和偶数，接着延伸到生活中寻找奇数和偶数，进一步丰富学生对奇数和偶数的感性认识，为后续学习奇数、偶数的相关性质奠定基础。

3. 游戏。

（1）现在让我们来做个游戏，张开左右 2 只手，大拇指与大拇指相碰（图 7-5）。一共有几根手指相碰？（2 根）

（2）再让食指与食指相碰（图 7-6）。现在一共有几根手指相碰？（4 根）

图 7-5　　　　　　　　　　　图 7-6

（3）接着让 2 根中指相碰，然后让 2 根无名指相碰，最后让 2 根小拇指相碰。数一数，每增加一对相碰的手指后，一共有几根手指相碰？

生：先是 6 根（图 7-7），然后是 8 根（图 7-8），最后是 10 根。

图 7-7　　　　　　　　　　　图 7-8

（4）假如每只手上的手指数量比5根多，继续像之前一样，让左右2根相同位置的手指一一相碰，每增加一对相碰的手指后，一共有几根手指相碰？（12根、14根、16根……）

（5）这些相碰的手指数量是奇数还是偶数？（偶数）为什么是偶数？

（6）小结：它们都是一对一对的，所以都是偶数。单数加上单数就变成双数，也就是偶数；双数加上双数还是双数，也就是偶数。

4. 判断。

（1）拔河比赛时（图7-9），把两边的人数加起来，结果通常是偶数还是奇数？

（2）篮球比赛时（图7-10），把两队人数加起来，结果是偶数还是奇数？

图7-9　　　　　　　　　　图7-10

（3）如图（图7-11），上面一排有一群鸟，是偶数；下面一排也有一群鸟，也是偶数。把它们加在一起，结果是奇数还是偶数？

（4）如图（图7-12），有两群鸟，数量都是奇数。把它们加在一起，结果是奇数还是偶数？

图7-11　　　　　　　　　　图7-12

（5）如图（图7-13），笼子里有4只鸟，树枝上有5只鸟。把它们加在一起，结果是奇数还是偶数？为什么？

图 7-13

（6）小结：奇数加奇数，得到偶数；偶数加偶数，还是偶数；奇数加偶数，得到奇数。

环节三 继续探索，加深认识

1. 举手表决的奥秘。

（1）一家四口去度假，有人想去海滩游泳，有人想去湖边露营。该怎么办？（可以举手表决）

（2）表决结果可能会出现哪几种情况？

根据学生的回答，教师列表，结果如表 7-1 所示。

表 7-1　四人表决情况统计表

赞成票数	反对票数
4	0
3	1
2	2
1	3
0	4

（3）仔细观察表格，哪几种情况下可以作出决定？哪几种情况下不能作出决定？

根据学生的回答，教师重点强调第三种"赞成 2 票，反对 2 票"的情况不能作出决定，其他情况都可以。

（4）一家五口去度假，有人想去海滩游泳，有人想去湖边露营。举手表决又会有哪几种情况？

根据学生的回答，教师列表，结果如表7-2所示。

表7-2 五人表决情况统计表

赞成票数	反对票数
5	0
4	1
3	2
2	3
1	4
0	5

（5）哪几种情况下可以作出决定？哪几种情况下不能作出决定？（都可以）

（6）为什么？（没有出现票数相等的情况）

（7）小结：如果投票人数是偶数，那么可能会出现票数相同而做不了决定的情况。因此，要想作出决定，投票人数必须是奇数。

2. 戳洞的奥秘。

（1）把两张白纸重叠在一起，用一支铅笔在纸上戳洞，每次都要戳透两张纸（图7-14），连续戳三次后，把两张纸分开。数一数，两张纸上共有几个洞？是奇数还是偶数？

图7-14

（2）连戳四次，数一数，两张纸上共有几个洞？是奇数还是偶数？连戳五次呢？继续戳，洞的个数是奇数还是偶数？

环节四 总结内化，课外探索

1. **课堂总结**：这节课你们有什么收获？

2. **课外探索**：课后自己将几张白纸重叠在一起，用一支铅笔在纸上戳洞，每次都要戳透这几张纸。如果要戳出奇数或偶数个洞,该怎么做?

我们知道,奇数和偶数作运算,可以得到如下性质:① 奇数 ± 奇数 = 偶数,偶数 ± 偶数 = 偶数,奇数 ± 偶数 = 奇数;② 奇数 × 奇数 = 奇数,偶数 × 偶数 = 偶数,奇数 × 偶数 = 偶数;③ 若 a、b 是整数,则 $a+b$、$a-b$ 要么都是奇数,要么都是偶数。让学生对奇数和偶数的性质有一些初步感悟,是本节课的隐含目标。本课中,教师为学生提供了丰富的生活情境,如手指相碰游戏、拔河比赛、篮球比赛、鸟的只数、投票表决、戳洞游戏等。这些情境贴近学生的生活实际,有效提高了学生的学习兴趣。特别地,情境背后蕴含着奇数和偶数的相关性质,使得学生在不知不觉中加深了对奇数和偶数性质的感性理解,为后续系统学习奇数与偶数积累了丰富的经验。

第二节　拓展课研究

一、拓展课的含义与价值

小学数学拓展课是对教材内容进行扩充、延伸的课堂教学,通过创设问题情境,提供活动空间,让学生在动手操作、实践探究等活动中发现知识,感悟数学思想与方法,提高数学素养[①]。小学数学拓展课可以是对教材中某一概念进行追根溯源的探究,可以是对某个重点、难点知识的深入挖掘与开发,也可以是对某一数学思想与方法的渗透与提炼,还可以是与其他学科知识的整合。

笔者以为,研究"2、5 的倍数的特征"的拓展课是一件非常有意义的事,主要表现在以下两方面:一是从学生的实际需求出发,激发学生的学习兴趣,并能将课内知识引向深处,不仅满足了不同学生的需求,还给予学生更多自主探究学习的空间;二是从教师的专业发展出发,能拓宽教师的视野,提升教师处理教材和进行教学设计的能力,有助于教师的专业研究。

---

① 陈加仓. 小学数学拓展课:教什么,怎么教 [M]. 北京: 中国人民大学出版社, 2017.

二、"2、5 的倍数的特征"拓展课的教学设计

思考 了解了拓展课的含义之后，你认为针对"2、5 的倍数的特征"一课，可以从哪些方面进行拓展？

对"2、5 的倍数的特征"一课进行拓展，可以从以下两个方面展开：其一，向知识内部拓展，寻根求源，使数学知识走向深处，进一步提升学生的数学学科素养。例如，明晰判断一个数是不是 2 或 5 的倍数时为什么只要看个位，而在判断一个数是不是 3 的倍数时却要看各位上数的和。这些原理性问题似乎远离学生经验，但实践表明，越是有挑战性的问题，学生的探究兴趣就越浓厚。其二，向知识外部延伸，拓宽视野，使数学知识走向远处，为后续学习奠定扎实的基础。例如，除了探究 2、3、5 的倍数特征之外，引导学生迁移探索 4、25、8、125 等数的倍数特征。

1. 基于知识内部拓展的教学设计

人教版小学数学教材中设有《你知道吗？》栏目，属于知识拓展板块。在学习了 2、3、5 的倍数特征后，教材呈现了这样的内容（图 7–15）。

> **你知道吗？**
>
> （1）判断一个数是不是 2 或 5 的倍数，为什么只用看个位数？
> 一个数可以根据数的组成进行改写，比如：
> $$24=2\times10+4\times1$$
> $$2485=2\times1000+4\times100+8\times10+5\times1$$
> 其中 10，100，1000 都是 2 或 5 的倍数，所以只要个位上的数是 2 或 5 的倍数，这个数就是 2 或 5 的倍数。
> （2）判断一个数是不是 3 的倍数，为什么要看各位上数的和？
> 可以按（1）的思路进行分析。
> $$2485=2\times1000+4\times100+8\times10+5\times1$$
> $$=2\times(999+1)+4\times(99+1)+8\times(9+1)+5$$
> $$=2\times999+4\times99+8\times9+(2+4+8+5)$$
> 其中 9，99，999 都是 3 的倍数，括号中是这个数各个数位上的数，所以只要这些数的和是 3 的倍数，这个数就是 3 的倍数。
> **试一试：** 你能继续找到判断 9 的倍数的方法吗？

图 7–15

　　该内容涵盖两个知识点：第一，为什么判断一个数是不是 2 或 5 的倍数，只要看个位数？第二，为什么判断一个数是不是 3 的倍数，要看各位上数的和？对此，教材采用举例的方式说明 2、3、5 倍数特征的原理知识。然而，多数教师对这部分内容的处理较为简单化，大多是让学生自学，或一笔带过。这种做法值得我们反思：数学学习的本质是什么？笔者以为，是要让学生学会观察、学会质疑、学会探究、学会反思。郑毓信教授曾提出：数学课中我们所希望看到的是学生能养成一种新的精神，它并非与生俱来的，而是后天养成的理性精神。探究 2、3、5 倍数特征的原理性问题，正是对学生数学理性精神的培养。基于以上思考，我们设计了指向知识内部拓展的"2、3、5 的倍数的特征"拓展课。

环节一 回顾知识，提出疑问

1. 复习 2、3、5 的倍数特征。

（1）我们已经学习了 2、3、5 的倍数特征，你能说一说它们分别有什么特征吗？

（2）学生交流汇报 2、3、5 的倍数特征。

2. 对比特征，提出疑问。

（1）对比 2、3、5 的倍数特征，2 和 5 的倍数只看个位，3 的倍数要看各位上数的和。对此，你有什么疑惑吗？

（2）预设：判断一个数是不是 2 或 5 的倍数，为什么只要看个位？判断一个数是不是 3 的倍数，为什么要看各位上数的和？

【说明】此环节引领学生回顾 2、3、5 的倍数特征，从旧知中寻找联系，发现数学知识内部的细微区别。在此基础上提出疑问，培养学生发现问题、提出问题的能力。

环节二 多元表征，探索"判断一个数是不是 5 的倍数，为什么只要看个位"

1. 出示问题。

为什么判断一个数是不是 5 的倍数只要看个位？你能说明理由吗？你能用比较简明的方法让人一眼就能看明白你的想法吗？可以借助小棒摆一摆，也可以画图、列式计算等。

2. 多元表征。

（1）预设 1：列算式发现规律。

$5+5=10$，2 个 5 相加，个位是 0；

$5+5+5=15$，3 个 5 相加，个位是 5；

$5+5+5+5=20$，4 个 5 相加，个位是 0；

$5+5+5+5+5=25$，5 个 5 相加，个位是 5；

……

学生以此类推，发现单数个 5 相加，末位都是 5，双数个 5 相加，末位都是 0。

（2）预设 2：根据奇数、偶数的性质来判断。

奇数乘 5，积的个位肯定是 5。例如，$1×5=5$，$3×5=15$……

偶数乘 5，积的个位肯定是 0。例如，$2×5=10$，$4×5=20$……

（3）预设 3：根据去个位数字的方法来判断。

去掉个位数字后，这个数的个位就变成了 0，一定是 5 的倍数，所以判断这个数是不是 5 的倍数，只要看个位数字。比如，24 去掉个位数字 4 之后得到 20，因为 20 是 5 的倍数，所以只要看个位数字 4，而 4 不是 5 的倍数，所以 24 也不是 5 的倍数。又如，对于 2485，去掉个位数字 5 之后得到 2480，因为 2480 是 5 的倍数，所以只要看个位数字 5，而 5 是 5 的倍数，所以 2485 也是 5 的倍数。

（4）预设 4：借助摆小棒发现原理。

以 24 为例，把 24 分成 2 个十和 4 个一，其中 2 个十可以 5 个 5 个地分，正好分完，而个位上的 4 不够分，即 20 是 5 的倍数，4 不是 5 的倍数，所以 24 不是 5 的倍数（图 7-16）。

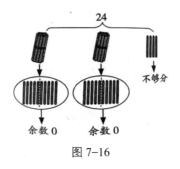

图 7-16

（5）预设5：借助计数器理解原理。

提问1：如果没有那么多小棒，怎么判断2485是不是5的倍数呢？

教师出示计数器，让学生快速拨出2485。

提问2：计数器上的"2"所表示的数是5的倍数吗？

预设：这里的"2"表示2000，2000是5的倍数。

提问3：计数器上的"4"所表示的数是5的倍数吗？"8"呢？

教师引导学生归纳：这里的"4"表示400，"8"表示80，因为2000是整千数，400是整百数，80是整十数，整千数、整百数、整十数都是5的倍数，所以2480是5的倍数，而2485 = 2480 + 5，因此只要看个位。

【说明】以上环节，通过讨论交流并多元表征5的倍数特征，在操作中将抽象的原理具象化，使学生"看得见、摸得着"。学生经历了真实的探究学习过程，积累了一定的数学活动经验，数学思维也得到了提升。

环节三 类比迁移，探究"判断一个数是不是2的倍数，为什么只要看个位"

1. 追问：想一想，哪个数的倍数特征的原理和5是一样的？

2. 迁移学习：你能像研究5的倍数特征的原理那样来研究2的倍数特征的原理吗？

3. 同样以24和2485为例，同桌之间互相说一说。

4. 学生汇报，并多元表征原理。

【说明】从环节二到环节三，学生的学习水到渠成。为什么笔者先让学生研究5的倍数特征的原理，再研究2的倍数特征的原理？主要是因为5的倍数中，个位只有0和5两种情况，举例验证更方便；而2的倍数中，个位有多种情况，相对来说，验证过程更烦琐。因此，先"5"后"2"的教学顺序更有利于学生展开自主探究。

环节四 拓展延伸，探究"判断一个数是不是3的倍数，为什么要看各位上数的和"

1. 提问：你准备怎么研究？

2. 学生根据2、5的倍数特征原理的研究方法，想到举例、拆分等方法。

3. 教师提供学习单，并指出有困难的同学可以参考提示要求进行探究。提示要求如下：

（1）以 24 和 2485 为例，可以借助小棒和计数器进行探究。

（2）你能详细记录思考过程吗？请表示出来。

（3）如果你还有困难，可以和同桌一起探讨。

4. 反馈交流，内化经验。

（1）借助小棒对数进行拆分。以 24 为例，把 24 拆分成 2 个十和 4 个一。先把 2 个十分别 3 根 3 根地分，还剩 2 根；把剩下的 2 根和散落的 4 根合起来，是 6 根，继续 3 根 3 根地分，刚好分完（图 7-17）。

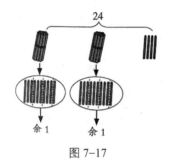

图 7-17

（2）根据小棒图，引导学生写出如下算式：24 =（　　）× 10 +（　　）。

（3）引导学生观察小棒图和算式，说一说为什么判断 24 是不是 3 的倍数，只要看 2 与 4 的和。

（4）学生列式说理：$24 = 2 \times 10 + 4 = 2 \times (9 + 1) + 4 = 2 \times 9 + 2 + 4$。

【说明】此处，对于为什么还要把 10 拆分成"9 + 1"，学生是较难理解的。教学时，可以进一步借助小棒帮助学生理解：因为 1 个十除以 3 等于 3 余 1，因此可以写成 $10 = 3 \times 3 + 1 = 9 + 1$，于是 2 个十合在一起，就可以写成 $20 = 9 \times 2 + 2$。这个过程虽然有点烦琐，但只有经历这样的过程，学生才能明晰知识本质，明白为什么要把 10 拆分成"9 + 1"，而不是"8 + 2""7 + 3"等其他拆法。

5. 用探究 24 是不是 3 的倍数的方法来验证 2485 是不是 3 的倍数。

（1）你能迁移 24 的研究方法，将 2485 进行分解吗？

（2）学生独立探究，尝试列式分析。

（3）反馈交流：$2485 = 2 \times 1000 + 4 \times 100 + 8 \times 10 + 5 = 2 \times (999 + 1) + 4 \times (99 + 1) + 8 \times (9 + 1) + 5 = 2 \times 999 + 4 \times 99 + 8 \times 9 + 2 + 4 + 8 + 5$。

同理，先把1000拆分成"$999 + 1$"，把100拆分成"$99 + 1$"，把10拆分成"$9 + 1$"，再根据乘法对加法的分配律将其展开，发现"$2 \times 999 + 4 \times 99 + 8 \times 9$"中的每部分都是3的倍数，而剩下部分"$2 + 4 + 8 + 5$"刚好是各位上的数之和。于是，推理得出判断一个数是不是3的倍数，只要看各位上数的和。

6. 抽象提升：是不是不管这个数是几位数，判断它是不是3的倍数，都是看各位上数的和呢？

（1）教师给出一个三位数$\overline{abc}$，同桌之间讨论交流如何判断这个数是不是3的倍数。

（2）反馈交流：这里的"a"表示a个百，3个3个地分，还剩下a；"b"表示b个十，3个3个地分，还剩下b；"c"表示c个一，先不分，把"$a+b+c$"的和再3个3个地分，看是否正好分完，从而判断出$\overline{abc}$是不是3的倍数。

环节五 全课反思总结，谈谈收获

（略）

本节课，学生经历了多次思维提升，从"5"到"2"，明晰原理；再到"3"，理解知识之间的内在联系与区别。特别是在拓展探究3的倍数特征原理的教学环节，从具体数字24、2485到抽象的符号化表示$\overline{abc}$，渗透了模型思想。过程中，将数学知识、数学方法和数学思想融为一体，让探究活动有理可循。说理时，教师引导学生深入数学知识本质，呈现数学课堂的严密逻辑性和思考性，培养学生的推理能力，发展数学理性精神。可见，基于内部知识拓展的拓展课更加指向学生数学核心素养的培育，注重高阶思维的发展。

2. 基于知识外部拓展的教学设计

思考 对于2、3、5的倍数特征外部知识的拓展，你会选择哪些内容来研究呢？

上文中，通过将2、5的倍数特征与3的倍数特征相关知识进行整合，设计了一节基于知识内部拓展的课例。下面，我们以4、25、8、125这4个数的倍数特征探究为例，继续探讨基于知识外部拓展的教学设计。之所以选择4、25、8、125这4个数，首先是因为这些数的倍数特征与2、5的倍数特征紧密相关，其次在学习方法上也可以进行迁移。将几个数的倍数特征整理成表（表7-3），发现数的特征结构之间具有相似性，如2、5的倍数特征看个位，4、25的倍数特征看末两位，8、125的倍数特征看末三位，因此可迁移学习4、25、8、125这4个数的倍数特征。

表7-3　数的倍数特征

数	特征
2	个位是0、2、4、6、8
3和9	各位上数的和是3或9的倍数
5	个位是0或5
4和25	末两位数是4或25的倍数
8和125	末三位数是8或125的倍数

2和5、4和25、8和125的倍数特征都指向末几位数，都属于尾数判断法。那么，其中又有着怎样的规律呢？我们希望通过这节拓展课帮助学生理解4和25、8和125的倍数特征，以及与2、5的倍数特征之间的关系。

环节一 回顾旧知，引出新问题

1. 说一说2、3、5的倍数特征的原理。

（1）说一说判断一个数是不是2或5的倍数，为什么只要看个位。

（2）说一说判断一个数是不是3的倍数，为什么要看各位上数的和。

2. 你还想研究哪些数的倍数特征？

3. 教师根据学生的回答提出挑战性问题：如果让你来研究4和25、8和125的倍数特征，你准确怎么研究？（揭示课题：4和25、8和125的倍数特征）

环节二 探究4和25的倍数特征

1. 回顾研究方法：想一想，我们是怎样研究2、5的倍数特征的？又是怎样研究 3 的倍数特征的？

2. 探究方法：可以同桌讨论，说一说你准备怎么研究 4 和 25 的倍数特征。有困难的同学可以参考老师提供的研究单。

3. 教师出示研究单：

（1）猜想：4 和 25 的倍数特征和什么有关？

（2）举例：可以写一些两位数、三位数甚至更多位数的数，从中找出能被 4 或 25 整除的数。

（3）想一想，4 的倍数有什么特征？　25 的倍数又有什么特征？

（4）你准备怎么验证你的猜想？

4. 汇报交流。

预设 1：学生用观察个位数字的方法判断，发现个位数字相同的情况下，有的数是 4 或 25 的倍数，有的数不是。

预设 2：把各位上的数字相加，看和是不是 4 或 25 的倍数，发现在所得到的和是 4 或 25 的倍数的情况下，有的数是 4 或 25 的倍数，有的数不是。

教师质疑：看来，判断一个数是不是 4 或 25 的倍数，只看个位不行，看各位上的数之和也不行，那该从哪里着手呢？ 能不能多看几位呢？ 我们可以请出计数器来帮忙，比如拨出 172。

提问 1：百位上的"1"表示什么？ 它是 4 或 25 的倍数吗？

预设："1"表示 100。$100 = 4 \times 25$，100 是 4 的倍数，也是 25 的倍数。

提问 2：继续看十位，十位上的"7"表示什么？ 它是 4 或 25 的倍数吗？

预设："7"表示 70。$70 = 4 \times 17 + 2$，70 不是 4 的倍数；$70 = 25 \times 2 + 20$，70 也不是 25 的倍数。

提问 3：现在能判断 172 是不是 4 或 25 的倍数吗？

预设：不能，因为个位上还有 2。

提问 4：如果把十位和个位合起来看，可以吗？

预设：可以。$72 = 4 \times 18$，72 是 4 的倍数，所以 172 就是 4 的倍数；$72 = 25 \times 2 + 22$，72 不是 25 的倍数，所以 172 就不是 25 的倍数。

提问 5：你有什么话想说？你又有什么疑问？

预设：可以多举一些例子，现在还不能确定规律。

学生举例：234、3822、5250……

提问 6：用刚才的方法验证这些数是不是 4 或 25 的倍数。

预设（以 5250 为例）：$5250 = 5000 + 200 + 50 = 5 \times 1000 + 2 \times 100 + 50$，5000 是 4 和 25 的倍数，200 也是 4 和 25 的倍数，只要看 50 是不是 4 或 25 的倍数。因为 50 不是 4 的倍数，所以 5250 不是 4 的倍数；而 50 是 25 的倍数，因此 5250 是 25 的倍数。

5. 归纳：4 的倍数和 25 的倍数各有什么特征？或者说，判断一个数是不是 4 或 25 的倍数要看什么？

环节三 探究 8 和 125 的倍数特征

1. 你能像刚才研究 4 和 25 的倍数特征那样来研究 8 和 125 的倍数特征吗？

2. 学生独立研究，有困难的学生可以参考教师提供的研究单。

3. 教师出示研究单：

（1）猜想：8 和 125 的倍数特征和什么有关？

（2）举例：可以写一些三位数甚至更多位数的数，从中找出能被 8 或 125 整除的数。

（3）想一想，8 的倍数有什么特征？125 的倍数又有什么特征？

（4）你准备怎么验证你的猜想？

（5）你能试着归纳 8 和 125 的倍数特征吗？

4. 先组内交流，再全班汇报，最后总结方法。

环节四 沟通与提升，寻找知识之间的关联

1. 提问：判断一个数是不是 2 或 5 的倍数只看个位，判断一个数是不是 4 或 25 的倍数却要看末两位，而判断一个数是不是 8 或 125 的倍数又要看末三位，它们之间有什么联系？

2. 学生尝试寻找关联。

3. 教师进一步引导：2 和 4、8 之间有什么关系？5 和 25、125 之间又有什

么关系?

4. 根据学生的回答,教师出示以下内容:

$$2 = 2^1 \qquad\qquad 5 = 5^1$$

$$4 = 2 \times 2 = 2^2 \qquad\qquad 25 = 5 \times 5 = 5^2$$

$$8 = 2 \times 2 \times 2 = 2^3 \qquad\qquad 125 = 5 \times 5 \times 5 = 5^3$$

【说明】实际上,要判断一个数是不是 2 或 5、4 或 25、8 或 125 的倍数,只要用尾数判断法即可,至于是看末几位数,主要根据 2、5 的指数来判断。当然,与小学生讲"指数"不合适,但可以让学生在算式的直观表达中感受这一规律,且学生是能够理解的,并能意会规律的奥妙。

基于迁移学习理论,我们知道学生的数学学习总是建立在已有知识经验的基础之上。因此,本课设计紧紧围绕 4 和 25 的倍数特征的研究方法展开,通过充分的讨论与交流,使学生经历知识探究的完整过程,掌握学习方法。接着,将这一方法进行举一反三,尝试探究 8 和 125 的倍数特征。过程中,学生经历了猜想、举例、验证、反思、总结等思维活动,培养了数学理性精神。特别地,在第四个环节,教师根据学生的心理特点与认知规律,巧妙地将 2 和 5、4 和 25、8 和 125 的倍数特征进行勾连,逐步建构知识框架,并获得一般性的结论。

第八章 说课研究

说课是在备课的基础上，针对某一内容或课题，面对同行、专家对教材、学情、教学方法、教学设计等进行系统阐述的过程。教师不仅要分析教材、学情，设计教学环节以及具体的实施策略，还要阐述其背后的理论依据。也就是说，教师不仅要说教什么、怎么教，还要阐述为什么这么教。

教师说课不受时间、空间的限制，也不牵涉学生，方便组织，同时也能综合反映教师的理论水平与教学智慧。因此，说课这一形式得到了广大一线教师及专家的认可，并对其价值给予了充分的肯定。

第一节 说课类型

一、按照时间分类

按照时间分类，可以分为课前说课和课后说课。

1. 课前说课

课前说课是指在上课前进行的说课活动。例如，公开课执教者在上课之前，一般会向听课教师介绍自己对这节课的构思，并对课堂教学作简单预设。同时，针对这节课的重点部分作简单陈述，如对某一教学内容的深刻认识、独到见解或有别于他人的独创设计。课前说课其实是对课堂进行预设，然后通过真实的课堂教学实践进行验证、对比。课前说课能提高教师的科研意识与教学能力。

2. 课后说课

课后说课是指在上课后进行的说课活动。说课内容包括执教者对课堂实际教学的反思，如预设与实际教学之间的差距，哪些环节的处理比较恰当，哪些环节还有待改进，理由是什么，等等。当预设与实际教学之间的匹配度较高时，一般只需要简要阐述自己对教材、学情的分析，教学目标及重难点的设计，并说一说为什么这样设计及其理论依据。一般地，课后说课侧重于执教者对这节课的反思，指向对课堂的补充、说明、解释，让听课教师能更加深入地理解执教者对这节课的设计意图。

二、按照说课的用途分类

按照说课的用途分类，可以分为研究型说课、示范型说课和评比型说课。

1. 研究型说课

研究型说课是指说课者先向参与研究的专家、教师说明自己的教学设想，再以此展开讨论、研究；或者是多位说课者围绕同一个教学内容进行说课，再比较分析，类似"同课异构"活动；还可以是多位说课者基于某一研究主题，选择不同的内容先后进行说课，再比较分析，以寻找不同内容之间的联系与区别。因此，研究型说课可以安排在课堂教学之前，在对某一内容尚未形成成熟设计的情况下，通过说课形式互相研讨，最终形成统一的认识；也可以安排在课堂教学之后，针对这节课中存在的问题，重新调整教学思路，阐释重构后的设想，并在研讨中使这节课的设计趋于完善。

2. 示范型说课

示范型说课大多面向年轻教师，说课者一般为优秀教师、骨干教师或名师，以为年轻教师树立榜样和典范，供他们学习、借鉴。相对而言，示范型说课的说课内容比较成熟。例如，组织说课培训活动，通过优秀教师、骨干教师等的示范，为年轻教师提供说课样板。又如，参与名师工作室活动，由导师亲自进行说课示范，手把手地指导学员如何说课。笔者以为，年轻教师要想提高自己的说课能力，除了自己尝试探索之外，有必要听一听一些名师、骨干教师的示范型说课，从中汲取有益经验，并在此基础上深入研究说课的每个环节，甚至细节问题。

3. 评比型说课

评比型说课是指在一定的组织下，通过对各位教师的说课情况进行比较来评定其说课水平。随着教育事业的迅速发展，相关部门为教师的专业成长搭建了各种展示平台，组织了各类评比活动，其中就包含说课评比。另外，有的学校也会举行校内个人说课比赛，以此作为教研活动的一部分；有的还会在区域层面举行团队说课比赛，即团队内的成员分别进行"说教材""说学情""说教学过程"等活动。一般地，团队说课的说课总时间会长一些，其目的是让研究更加深入，让不同教研组互相取长补短，汲取经验。评比型说课旨在综合考评说课者的教育教学研究能力、课堂教学能力及教师的综合素质。

不管采用何种形式进行说课，其本质都是为了更好地服务于课堂教学。下面，笔者以评比型说课为例，阐述如何在评比中进行"能被 2、5 整除的数"一课的说课，希望能以点带面，让广大读者对说课有更深入的了解。

第二节 "能被 2、5 整除的数"一课的说课范例

怎么说课是教师最关心的问题，也是最难回答的问题。教师们对课堂教学可以说是驾轻就熟，而对说课则接触不多，直接参与体验的次数也较少，从而导致不少教师害怕说课。其实，说课也是有章法可循的。下面，笔者以浙教版《数学》四年级下册中"能被 2、5 整除的数"内容为依据，分板块阐述如何对这节课进行说课。

思考 你觉得对"能被 2、5 整除的数"进行说课时，应主要说哪些内容？

对"能被 2、5 整除的数"这节课进行说课，可以包括以下几方面的内容：说教材，说学情，说教学目标与教学重点、难点，说教学过程与设计意图，以及说设计理念与特色。

下面，笔者以夹叙夹议的方式对各个环节进行说课，先作出理论分析，再给出说课范例，供读者参考。

一、说教材

教材是教学的基础，其在教学中的重要作用是不可忽视的。因此，全面准确

地解读教材是教师说好课的前提与基本保证，能帮助教师更好地制订教学目标，确定学习重点、难点，以及设计教学过程。

笔者以为，说好教材要做到三个"弄清"。第一，弄清课程标准的要求，不能随意、盲目地拔高或降低要求。第二，弄清教材内容的前后联系，基于单元整体视角来审视一节课的教学，认识到这节课在单元中的独特价值。例如，浙教2010年版教材中，"能被2、5整除的数"一课是在学生学习了整除概念的基础上展开的，是学生第一次经历数特征的学习，也为进一步学习其他数的特征积累思维经验和方法。第三，弄清教材包含的知识点、能力点和素养点。其中，知识是形成能力的基础，这节课包含哪些知识点（包括方法点、思想点），能帮助学生形成哪些思维能力，可以发展哪些学科素养，这些都是教师在教材解读过程中要明确的内容。具体范例如下。

今天，我说课的内容是浙教版《数学》四年级下册第一单元"自然数与整数"中的"能被2、5整除的数"，我将从"说教材""说学情""说教学目标与教学重点、难点""说教学过程与设计意图""说设计理念与特色"这五个方面展开。下面，先说教材。

浙教版教材是在整除的基础上学习"能被2、5整除的数"，其他版本的教材大多是在因数和倍数的基础上让学生探索数的倍数特征。我认为，有整除概念作基础，更加有利于学生从整除的视角探索数的倍数特征。在内容编排上，浙教版教材注重让学生经历"分类—发现—举例—概括"的学习过程，先自主探索能被2整除的数的特征，再把研究方法迁移到探索能被5整除的数的特征中。作为数的倍数特征的起始课，本课教学具有两个作用，一是发展学生的数感，二是为后续学习其他数的倍数特征积累经验和思想方法。

二、说学情

研判学情是说好一节课的前提，对学情的精准把握是确定教学重点、难点的主要依据，也是科学合理地设计教学过程的重要基础。那么，怎么准确地研判学情，说好学情呢？首先，要深入分析教材的逻辑起点与学生的现实起点。其中，教材的逻辑起点是指学生在此之前已经学了什么，明确旧知与新知之间的前后联系；学生的现实起点是指在学习本课内容之前，学生对该内容已经知道了多少或掌握了多少，哪里还有困难。下面，以"能被 2、5 整除的数"一课为例，展示说学情的范例。

　　分析学情，发现学生在掌握能被 2、5 整除的数的特征方面并不存在困难，但在对特征的全面认识上尚显不足。实证研究表明，主要原因在于学生不清楚特征的丰富含义，误把"现象"当作"本质"，把"规律"当作"特征"。其实，对于能被 2、5 整除的数的特征，一方面，个位上是 0、2、4、6、8 的数都能被 2 整除；另一方面，能被 2 整除的数，其个位上都是 0、2、4、6 或 8。对于后者，学生是缺乏经验的，是他们认知上的盲区，也是学习的难点。对此，需要我们设计相应的环节来帮助学生理解和体验。例如，列举个位上是 0、2、4、6、8 的数，说明满足这一特征的数都能被 2 整除；列举个位上不是 0、2、4、6、8 的数，发现它们都不能被 2 整除，从而说明能被 2 整除的数，其个位上都是 0、2、4、6 或 8。

　　我们的实证研究也表明，能解释能被 2、5 整除的数的特征原理的学生不到 6%，教材对此也并未作硬性要求。然而，数学是讲道理的，只知道能被 2、5 整除的数的特征，而不知其原理，显然无法实现学生的深度学习。事实上，解释能被 2、5 整除的数的特征原理，需要学生运用数的拆分策略和位值制思想，若没有教师的引领，学生则很难自我突破认知上的障碍。而教师所要做的，就是帮助学生克服这些障碍。

三、说教学目标与教学重点、难点

　　从《课标 2022 年版》的"课程目标"中可以看出，教师在制订教学目标时，要从培育学生核心素养的角度进行整体设计，将知识与技能、过程与方法、情感态度与价值观融于一体，以凸显数学课程的育人价值。针对"能被 2、5 整除的数"一课，可制订如下教学目标与教学重点、难点。

基于对教材与学情的分析，结合课程标准中的"三会"要求，确定本节课的教学目标和教学重点、难点。

教学目标

教学目标1：经历"观察—发现—验证—说理"的思维过程，发现能被2整除的数的特征，提炼出"四步骤研究法"，并迁移探索能被5整除的数的特征，为进一步探索其他数的倍数特征做好方法上的准备。

教学目标2：经历从"数的倍数特征与各个数位上的数字有关"到"能被2、5整除的数的特征只与数的个位数字有关"的探索过程，为今后探索其他数的倍数特征做好思路上的铺垫。

教学目标3：体会论证的力量，感受数学知识之间的广泛联系，经历积极参与数学活动的过程，培养对数学的好奇心，养成独立思考、合作交流、反思质疑的学习习惯，逐步形成数学素养。

教学重点、难点

从结果目标来分析，根据教材的知识结构，梳理出本节课的教学重点是掌握能被2、5整除的数的特征及其应用。

从过程目标来分析，根据学生的认知水平，从教学重点中确定本节课的教学难点是探索能被2、5整除的数的特征原理，不仅让学生知道"是什么"，还知道"为什么"。

四、说教学过程与设计意图

说教学过程与设计意图是说课的重要组成部分。教学过程一般分为引入环节、展开环节、巩固环节，其中展开环节是新知探究环节，是课堂教学的核心部分。因此，说教学过程时不宜平均"用力"，不能一味追求面面俱到、环环精彩，而应在核心部分、重点环节下功夫。

引入环节是教学过程的起始环节，此处不必过度牵涉情境，若在此环节花费过长的时间，则会导致新知展开部分的说课时间不够充裕。展开环节是新课教学中最重要的环节,教学时应引导学生充分地展开思维、构建知识,理解知识的来龙去脉。笔者以为,展开环节要抓住三个"点":其一,抓"重点",抓住核心内容作重点论述,做到详略得当,在体现知识内容的层次性的同时,保证整体的流畅性;其二,抓"难点",学习难点是指对学生而言障碍较大或难度较高的关键点,教师要设计相应的任务或活动来进行针对性的突破;其三,尽可能创设"亮点",即点燃学生的思维,引发他们质疑、探究。巩固环节也是教学过程中的重要组成部分,一般说成练习或作业设计。好的作业设计不仅能为说课锦上添花,也是教师专业水平的体现。笔者以为,不妨用理论来指导练习或作业设计,这样不仅能保证设计的科学性,也能使练习或作业具有层次性。例如,笔者经常借鉴顾泠沅教授的四层次水平理论来设计练习,即将作业划分为操作性记忆水平、概念性记忆水平、说明性理解水平和探究性理解水平。

下面,结合浙教 2010 年版教材的内容,给出一份基于特征原理探索的说课设计。

"能被 2、5 整除的数"一课的教学设计主要分成五个教学环节,下面按照教学顺序,依次说这五个环节的主要内容与设计意图。

环节一 开门见山,揭示课题

上节课我们已经学习了整除,这节课一起学习能被 2、5 整除的数的特征。首先,我们来研究能被 2 整除的数的特征。

环节二 探究能被 2 整除的数的特征

1. 观察、猜想

(1)仔细观察百数表,圈出能被 2 整除的数,看看这些数有什么共同的特征。

(2)猜想:个位上是 0、2、4、6、8 的数,都能被 2 整除。(板书)

2. 验证猜想

提问:既然是猜想,就必须要验证。刚才我们找的是 100 以内的数,你能否找出一些更大的数?

(1)要求学生写出一些个位上是 0、2、4、6、8 的四位数或者更大的数,然后用计算器计算,看看它们能不能被 2 整除。

（2）学生举例验证并汇报，发现这些数都能被 2 整除。

（3）质疑：有没有同学写出的数的个位上也是 0、2、4、6、8，但不能被 2 整除？

（4）提问：是不是能被 2 整除的数的个位数字必须是 0、2、4、6、8？请举例。

（5）猜想：能被 2 整除的数，个位上是 0、2、4、6、8。

（6）学生举出个位数字不是 0、2、4、6、8 的数，即个位数字是 1、3、5、7、9 的数，验证后发现都不能被 2 整除。

（7）小结：个位上是 0、2、4、6、8 的数，都能被 2 整除；能被 2 整除的数，个位数字肯定是 0、2、4、6、8 中的一个。

【说明】尽管学生已经积累了一定的"能被 2 整除的数的特征"的感性经验，部分学生甚至已经掌握了能被 2 整除的数的特征，教学中还是选择让学生完整经历"举例—猜想—验证"的过程，让学生有充分的时间梳理已有的知识经验，感受数学推理的逻辑性和严谨性。

3. 说理论证

（1）质疑

要证明这两个猜想是否正确，一种办法是对所有的数进行验证，而这显然是不现实的。那么，有没有其他办法能一劳永逸地证明能被 2 整除的数的特征与个位数字有关，而与其他数位上的数字无关呢？按理说，判断一个数能不能被 2 整除，应该要综合考虑这个数各个数位上的数字，而不仅仅是看它的个位数字，这中间又有什么原理呢？我们能不能把一个具体的数拆成由各个数位上的数字组成的形式，如 528 = 500 + 20 + 8（板书），看看里面到底藏着怎样的奥秘。

（2）分析

引导：（课件出示合作要求）按要求，先独立思考，再小组交流。

要求：① 每个小组举 3 个或以上的数（含 1 个不能被 2 整除的数）；② 将数拆成"各个数位上数字之和"的形式，观察能被 2 整除的数与其中哪些数字有关；③ 说说为什么判断一个数能不能被 2 整除，只要看个位上的数字。

预设 1："弃倍法"，整十数、整百数、整千数等均能被 2 整除，因此可以"舍弃"，只要看个位上的数字即可。

预设 2：这些数可以表示成形如"□×10 + □"的形式，其中"□×10"肯定能被 2 整除，所以只要看个位上的数字即可。

预设 3：所有的数都能拆成"……+ □×1000 + □×100 + □×10 + □"的形式，所以只要看个位上的数字即可。

小结：通过刚才的交流、讨论，我们知道一个数是否能被 2 整除，实际上与这个数每一位上的数字都有关，但由于个位前面的那些数字表示整十数、整百数、整千数等，它们都能被 2 整除，因此判断一个数能不能被 2 整除，只要看这个数个位上的数字能不能被 2 整除。如果个位上的数字能被 2 整除，那么这个数就能被 2 整除；反之，如果一个数能被 2 整除，那么这个数个位上的数字一定能被 2 整除。

【说明】虽然小学阶段对数字的倍数特征一般都是通过不完全归纳法得出结论，不作证明，但从教学实践来看，只要教学过程设计得当，教师组织合理，提供的学习材料有序，学生是可以明白其中蕴含的原理的。让学生经历明理的过程，不仅培养了学生的数学理性精神，还让他们收获了利于今后进一步学习的能力与素养。

4. 巩固应用

判断下面哪些数能被 2 整除，并说明理由。

18　27　30　85　423　76　314　5660　3365　77828

5. 揭示奇数、偶数的概念

（1）揭示：能被 2 整除的数叫作偶数，不能被 2 整除的数叫作奇数。

（2）出示数轴，把 1~20 的自然数在数轴上表示出来，让学生观察奇数和偶数的分布有什么规律。

（3）观察发现：奇数和偶数在数轴上的分布是均匀的。

环节三 探究能被 5 整除的数的特征

1. 建立方法模型

（1）提问：仔细回想一下，刚才我们是怎样研究能被 2 整除的数的特征的？

（2）小结：（课件出示）观察发现—猜想验证—说理论证—总结归纳。

（3）提问：你能尝试用这种方法来研究能被 5 整除的数的特征吗？

2. 迁移方法

课件出示学习要求：① 观察、猜想、验证、归纳出能被 5 整除的数的特征；② 说一说为什么有这样的特征；③ 小组交流并准备汇报。

预设 1：能被 5 整除的数，就是个位上的数字是 0 或 5 的数。因为除个位之外，其他数位上的数字所代表的数都能被 10 整除，也就是能被 5 整除，所以只要看个位上的数字即可。

预设 2：个位上是 0 或 5 的数一定能被 5 整除。所有的数都能拆成 "……＋□×1000＋□×100＋□×10＋□" 的形式，因为十位、百位、千位等更高位上的数字所代表的数都能被 10 整除，也就是能被 5 整除，所以只要看个位上的数字即可。

3. 小结

通过讨论研究，我们知道个位上是 0 或 5 的数能被 5 整除；并且，能被 5 整除的数，其个位上的数字一定是 0 或 5。我们还知道判断一个数能不能被 2 或 5 整除，只要看这个数个位上的数字即可。

【说明】本环节在总结能被 2 整除的数的特征研究方法的基础上，让学生进行方法的迁移应用，以此来研究能被 5 整除的数的特征，体现了教师有结构地教、学生有结构地学。

环节四 分层作业，巩固提高

根据教材对知识重难点的编排，并基于学生认知的差异性，根据顾泠沅教授的四层次水平理论设计了如下分层练习。

1. 匹配操作性记忆水平和概念性记忆水平的练习

将下面的数按要求填在相应的圈内。

34、45、27、80、69、2560、90、85、808、560、321、480

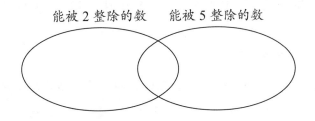

能被 2 整除的数　能被 5 整除的数

（1）这两个圆圈分别表示什么意思？中间交叉的区域又该填什么？你们同意吗？

（2）观察这些既能被 2 整除，又能被 5 整除的数，你有什么发现？

小结：个位上是 0 的数，既能被 2 整除，又能被 5 整除。

2. 匹配说明性理解水平的练习

你能把"□□6""7□5""21□"这三个数也填入上图中相应的区域内吗？你这样填的理由是什么？

3. 匹配探究性理解水平的练习

请解释四位数"3A20"为什么能被 10 整除。

【说明】练习设计体现分层思想，一方面紧扣本节课的重难点知识，突出"教—学—评"一致性，另一方面注重思维训练，关注创造性思维的发展。练习 1 关注学生整合思维的发展，练习 2 和练习 3 关注思维的深刻性和灵活性，以及方法的迁移性，指向高阶思维。这样的练习设计既保证了对基础知识的巩固，又关注了学生之间的个体差异，让不同思维层次的学生得到不同的发展。

环节五 回顾总结

提问：今天这节课，你有什么收获？

【说明】引导学生对整节课的内容进行回顾总结，说说学到了什么。

五、说设计理念与特色

说设计理念与特色不是必选步骤，可视作机动环节。如果说课者觉得自己在之前的设计意图方面说得不够到位，可视情况增设这一步骤，目的是对说课起到总结作用。用 60 秒的时间精练概括本课的设计理念和特色最佳。下面，试举一例。

本节课的设计主要突出以下三点：

1. 注重说理论证。将"为什么有这样的特征"作为教学核心内容之一，让学生在原理探究中经历观察、发现、质疑、反思等深度学习的过程。通过这样的深度探究，学生获得的不仅仅是知识性的结论，还有对结论之所以成立的深层次理解。

2. 注重方法迁移。先构建"能被 2 整除的数的特征"的研究方法，再把这个方法迁移到"能被 5 整除的数的特征"的研究上，进一步积累研究方法和思想。

3. 注重分层练习。设计分层练习，让不同思维层次的学生都能得到不同程度的发展。

结束语：预设是为了精彩的生成，但预设仅仅是预设，尚有不足之处，希望在生成中进一步完善。

有时在说课时，还要求说教学方法。教学方法一般包括教法和学法，说课时可以将其融入教学过程中一并阐述，这样做不仅节省时间，同时结合教学环节进行说明更能清楚地解释教法和学法。因此，笔者不建议将"说教学方法"作为说课的独立板块。

那么，需要单独"说板书"吗？笔者以为，"说板书"还是有必要的，可以分两种情况展开。如果是有黑板书写的评比型说课，那么可以边说课边板书核心内容，使说课和板书融为一体，这样做不仅可以帮助自己理清思路，还能让评委更好地理解你的教学过程和设计意图。如果不是黑板书写的评比型说课，那么可以自己准备几张 A4 纸，将其作为一块块"小黑板"。说课者事先把例题、练习以及重要内容写在纸上，然后结合说课过程，边说课边展示"板书"，让评委不仅可听也可视。当然，板书设计要简洁，要能结构化地反映知识、方法的形成过程，起到锦上添花的作用。"能被 2、5 整除的数"一课的板书设计如图 8-1 所示。

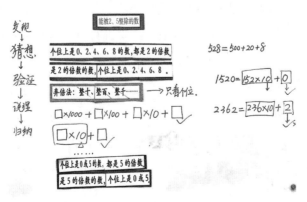

图 8-1

第九章 课堂观察研究

第一节 课堂观察的含义

作为一种课堂研究的方法，课堂观察源于西方的科学主义思潮，发展于 20 世纪五六十年代。美国社会心理学家贝尔思（R. F. Bales）的研究拉开了课堂量化研究的序幕，他于 1950 年提出了"互动过程分析"理论，以课堂中的小组讨论这一互动过程为研究内容，开发了 12 类行为编码。10 年后，美国课堂研究专家弗兰德斯（N. A. Flanders）提出"互动分类系统"，这是一套运用编码来记录师生之间的语言交流，以此来分析和改进教师教学行为的系统。这项研究标志着现代意义的课堂观察的开始。

随着时代的进步，科学信息技术日新月异，教育科学研究方法也在不断完善。例如，编码表、项目清单、量化研究工具等量表的引入，录音机、录像机、微格教室、云课堂等媒体技术的发展，为课堂观察提供了有力的保障，使其更具操作性。如今，通过质性研究与量化研究相结合的方式，可帮助教师从不同层面和不同角度对课堂展开有效观察。

那么，什么是课堂观察？课堂观察作为一项专业活动，要求观察者在观察前就要有明确的观察目标，再通过系列观察手段，包括自身的感官和专业判断，以及相关辅助工具（如观察量表、录音录像设备），有针对性地记录课堂中的相关情况，以获取教学的第一手资料，并对记录结果进行科学分析和研究，从而提升学生课堂学习的效率，促进教师的专业发展。

课堂观察是教师日常专业学习的内容之一，其重要性表现在以下四个方面。

第一，课堂观察是一种行为系统，由不同阶段的不同行为构成。首先要求观察者明确观察目标，合理选择观察对象，确定观察行为，并进行详细的观察记录，然后处理观察数据，最终呈现观察结果，具体流程如图 9-1 所示。

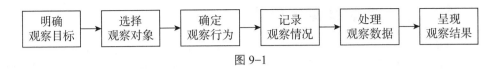

图 9-1

第二，课堂观察是一种研究方法。它将研究问题转化为多个观察点，将连续事件分解为多个时间单元，将复杂情境分解为多个空间单元，再通过不同的观察点对每个对应单元进行定格、扫描，以搜集、描述并记录相关信息，然后对观察结果进行反思、分析、推理，以便改进教师的教学行为，提升学生的学习效果。具体操作流程如图 9-2 所示。

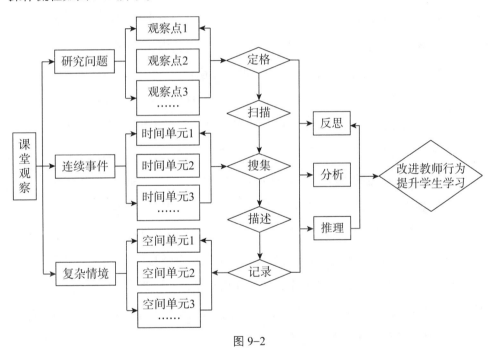

图 9-2

第三，课堂观察是一种工作流程。它包括课前慎思、课中观察与课后反思三个环节，共同构成"提出问题—收集信息—解决问题"的课堂观察工作流程。

第四，课堂观察是一种团队合作。它既有分工又有合作，在整个课堂观察过程中，每位观察教师作为观察共同体中的一份子，一起探究有关课程、教师教学、学生学习、课堂组织等方面的问题，兼顾自我反思与同伴之间的专业性对话，从而使得该团队中的每一位成员都能在参与研究的过程中提升自身专业水平。

第二节　课堂观察的价值

课堂观察对改善学生课堂学习、促进教师专业发展和形成学校合作文化等都有着重要作用。

首先，课堂观察的起点和归宿都是指向学生课堂学习的改善。无论是教师行为的改进、课程资源的利用，还是课堂文化的创设，都是以实现学生的有效学习为落脚点。课堂观察主要关注学生如何学习、会不会学习，以及学得怎么样，这与传统主要关注教师行为的听评课有着较大区别。特别地，即使所确定的观察点不是学生，其最终还是需要通过判断学生是否学得有效来进行检验。因此，课堂观察是合作群体关注学生学习、研究学生学习、促进学生学习的过程。

其次，课堂观察是促进教师专业发展的重要途径之一。一方面是由于课堂观察本身的专业性：它不是为了评价教学，而是为了改进课堂学习，在观察的整个过程中始终进行平等对话，探讨课堂学习的专业问题。另一方面是由于课堂观察即教师参与研究：教师参与研究是教师专业发展中重要且有效的途径之一，课堂作为教师教学的"主阵地"，也是教师开展研究的宝贵资源。教师通过观察他人的课堂，反思自己的教育理念和教学行为，感悟并提升自己的教育教学能力。无论是观察者还是被观察者，无论是处在哪个发展阶段的教师，都可以根据自己的实际需要有针对性地开展课堂观察，以获得实践知识，汲取他人的有益经验，从而改进自己的教学，提升专业素养。

再次，课堂观察作为一种合作式的专业研究活动，有助于形成校园合作文化。课堂观察是互惠性的，不是规定性任务，而是出于个人意愿、互相协商的专业学习活动，观察者和被观察者都能从中获益。

第三节　课堂观察的框架设计

我们基于崔允漷等人设计的课堂观察框架[1]，构建了课堂观察的四维框架，

---

[1] 沈毅，林荣凑，吴江林，崔允漷，等 . 课堂观察框架与工具 [J]. 当代教育科学，2007（24）：17-21+64.

即学生学习、教师教学、课程性质及课堂文化。四者既各有所指，又相互关联。学生学习维度主要关注学生怎么学、学得怎么样等问题。作为课堂学习活动的主体，学生是课堂学习的积极参与者和主动建构者，学生的有效学习是课堂成败的决定性因素。教师教学维度主要关注教师怎么教的问题。教师是课堂教学的组织者、引导者和促进者，教师如何运用各种教学资源、教学方式在很大程度上影响着课堂教学的有效性。课程性质维度主要关注教师教和学生学的内容，是师生在课堂中共同面对的对象。学生学习和教师教学通过课程发生联系，并在整个互动、对话、交往的过程中形成课堂文化。因此，课堂文化具有整体性，关注整个课堂的情况，是课堂中各要素相互交织、彼此渗透而形成的。

以四维框架为基础，从观察指标、观察点及观察点的呈现形式等方面进行立体架构，形成课堂观察框架的基本样式。具体如下：（1）观察指标。分析每个维度，找出其中核心且可观察的属性，并将这些属性确立为观察指标。每个维度下确立5个一级指标，合计20个。（2）观察点。课堂是复杂的，要将每个指标下的具体行为都罗列出来显然是不现实的，也确实没有必要。于是，我们基于每个一级指标，列举出3个较为重要的观察点作为二级指标，合计60个观察点。（3）观察点的呈现形式。观察点不再以评语的形式呈现，而是以问题的形式呈现，旨在引领教师思考课堂而不是评价课堂。

学生学习、教师教学、课程性质及课堂文化四个维度下的课堂观察框架分别如表9-1、表9-2、表9-3、表9-4所示。

表9-1　学生学习维度课堂观察框架表

视角	观察点举例
准备	·课前学生做了哪些准备 ·学生是如何准备的 ·准备得怎么样
倾听	·有多少学生能倾听教师的讲课 ·有多少学生能倾听同伴的发言 ·倾听时有哪些辅助行为

（续表）

视角	观察点举例
互动	· 有哪些互动行为 · 参与（小组或全班）讨论的人数、时间、对象、过程、结果如何 · 合作习惯如何
自主	· 自主学习的时间有多少 · 自主学习的形式有哪些 · 学优生、学困生自主学习的情况如何
达成	· 学生清楚学习目标吗 · 哪些证据能证明目标的达成 · 后测中有多少学生达成了目标

表 9-2　教师教学维度课堂观察框架表

视角	观察点举例
环节	· 教学环节有哪几部分构成 · 教学环节如何围绕目标展开 · 准备的程度如何？哪些证据能证明教学设计是有特色的
呈示	· 讲解有效性如何 · 板书如何呈现 · 媒体如何呈现
对话	· 有哪些关键问题 · 提问的时机、对象，以及问题的类型、结构、认知难度如何 · 候答时间、理答方式、内容如何
指导	· 如何指导学生自主学习 · 如何指导学生合作学习 · 如何指导学生探究学习
机智	· 教学设计有哪些调整 · 如何处理课堂中的突发事件 · 如何呈现非言语行为

表9-3　课程性质维度课堂观察框架表

视角	观察点举例
目标	· 预设的学习目标是什么 · 目标是根据什么预设的 · 如何处理新生成的目标
内容	· 如何处理教材 · 如何凸显学科本质，发展核心素养 · 如何处理课堂中新生成的内容
实施	· 预设哪些方法 · 如何关注学法指导 · 创设怎样的情境
评价	· 主要的评价方式有哪些 · 如何获取教学过程中的评价信息 · 如何利用所获得的评价信息
资源	· 如何利用预设资源 · 如何利用生成资源 · 如何拓展课外资源

表9-4　课堂文化维度课堂观察框架表

视角	观察点举例
思考	· 学习目标如何体现高阶认知 · 如何以问题驱动教学 · 学生思考习惯如何
民主	· 如何处理意见不同的课堂话语 · 学生参与课堂的情况如何 · 师生行为如何

（续表）

视角	观察点举例
创新	·教学设计、情境创设如何体现创新 ·资源利用如何体现创新 ·教师如何激发学生的创新思维
关爱	·如何关注不同学生的需求 ·如何关注特殊学生的需求 ·课堂话语、行为如何
特质	·在哪些方面体现教学特色 ·教师体现了哪些优势 ·师生/生生关系体现了哪些特征

第四节　课堂观察结果分析

根据第八章关于"能被 2、5 整除的数"一课的说课设计，我们进行了课堂实践，并开展了一系列课堂观察活动。观察对象为浙江省杭州市崇文实验学校四年级 1 班的 32 名学生，且该校学生采用浙教版新思维小学数学教材。下面，依托上一节中所构建的课堂观察框架表，分别从学生学习、教师教学、课程性质、课堂文化等维度展开观察，并对观察结果进行分析。

一、指向学生学习维度的观察结果分析

指向学生学习维度的观察，可以从学生如何突破难点、对核心概念的理解及运用情况、学生活动参与的程度、学生提问等方面进行。下面，以"学生如何突破难点"这一观测点展开具体分析。

基于学生学习维度课堂观察框架表下"倾听""互动""自主"等视角，观察学生在突破教学难点中的表现及其成效，结果如表 9-5 所示。

表 9-5　学生表现

教学难点	学生表现		
	倾听 （倾听 / 回应）	互动 （回答 / 提问 / 讨论 / 汇报）	自主 （计算 / 书写）
说理环节：判断一个数是不是 2 的倍数，为什么只要看个位上的数字	倾听：28 人（87.5%） 回应：18 人（56.3%）	回答：13 人（40.6%） 提问：8 人（25%） 讨论：30 人（93.8%） 汇报：6 人（18.8%）	计算：20 人（62.5%） 书写：12 人（37.5%）

从数据中可以看出，"倾听"方面，绝大部分学生能关注他人的发言，积极倾听，参与度较高；约一半的学生能听懂他人的发言，并能作出积极回应，另有一半左右的学生或未能听明白，或处于沉思状态，并未作出回应。"互动"方面，超过三分之一的学生能主动回答问题，其中既有与教师的积极互动，也有与发言同学之间的互动，这些学生带动了整个课堂的互动氛围；能主动提问的学生占总人数的四分之一，学生提问的积极性以及提问水平还有待加强；参与小组讨论的人数占比较高，反映出学生想要迫切解决这个具有挑战性的原理探究问题，期待能突破难点；汇报人数方面，由于采取小组派代表汇报的方式，因此人数只有 6 人。笔者以为，在小组代表进行汇报时，若能安排组员进行补充，可能会更好。

在汇报交流前，学生经历了自主学习的过程，约三分之二的学生能列出算式并用计算器进行计算，约三分之一的学生用文字来表达自己的观点。既能用算式表达，又能自主说理的学生并不多，反映出解释本质原理对学生来说比较困难。但是，在共同的讨论与探究下，学生能够采用多种方法解决问题，其中拆分的方法得到了多数学生的认可。

二、指向教师教学维度的观察结果分析

指向教师教学维度的观察可以从课堂教学行为时间分配、教师提问的有效性、教学时如何突破难点、学生的错误情况及教师的反馈、教师对教学目标达成

情况的监控等方面进行。下面,从"课堂教学行为时间分配""教师提问的有效性"这两个方面展开具体观察与分析。

1. 课堂教学行为时间分配

对课堂教学行为时间的分配情况能从侧面反映出学生主体地位的落实情况。分析课堂教学行为时间,先要对课堂教学行为时间进行分类,再分析各类教学行为所用时长在课堂总时长中的占比。

在具体实践中,教师可以根据不同的需要,选择不同的标准对课堂教学时间进行分类。我们仍基于第八章关于"能被 2、5 整除的数"一课中特征原理探索的教学设计,分别从"师生行为时间""各教学环节时间"这两个角度进行分类。

(1)根据师生行为时间进行分类

根据教师行为时间与学生行为时间,把"能被 2、5 整除的数"一课的总时间划分为六类,分别是:教师讲授时间、师生互动交流时间、学生独立思考时间、小组合作时间、随堂练习时间、其他时间。

✦ 教师讲授时间

教师讲解的时间是整节课中教师独享的时间。例如,教师在总结 2 的倍数特征时所说的一段话:"通过刚才的交流、讨论,我们知道一个数是否能被 2 整除,实际上与这个数每一位上的数字都有关,但由于个位前面的那些数字表示整十、整百、整千数等,它们都能被 2 整除,因此判断一个数能不能被 2 整除,只要看这个数个位上的数字能不能被 2 整除。如果个位上的数字能被 2 整除,那么这个数就能被 2 整除;反之,如果一个数能被 2 整除,那么这个数个位上的数字一定能被 2 整除。"这是"总结性讲解"。

又如,教师要求学生以四人小组为单位进行交流,并确定一名小组长,以代表小组向全班汇报。这是"组织性讲解"。

✦ 师生互动交流时间

这段时间是在整节课中师生共享的时间。从第八章的说课设计中我们可以看到,教师引导学生说理的环节是师生展开高频次对话的过程。课堂上,对话时间主要指向师生之间的问答,可以是教师问、学生答,也可以是学生问、学生答或教师答。

需要特别强调的是，新课程理念不断强调学生自主提出问题。如何在本课教学中培养学生提出问题的能力？对此，笔者在第六章尝试从"自学—提问"的角度入手进行了教学设计，此处不再赘述。

✦ 学生独立思考时间

从第八章的说课设计中我们可以看到，教学过程中有两段学生独立思考的时间：第一段是学生独立思考归纳能被 2 整除的数的特征；第二段是学生独立思考并尝试探索为什么能被 2 整除的数的特征和个位上的数字有关。

✦ 小组合作时间

在上述两段学生独立思考时间之后，分别安排了小组交流时间，包括小组内部交流及组间交流。

✦ 随堂练习时间

说课设计中设有学生独立练习的环节。从某种角度上来讲，学生独立练习的时间也可归属于学生的独立思考时间。本研究中，为了便于课堂的观察与统计，使观察结果更加精准，我们将"随堂练习时间"独立出来，这也有助于我们后续研究练习量的多少。

✦ 其他时间

其他时间包括教师等待的时间、学生操作的时间等。例如，学生上台演示操作的时间，教师切换投影仪或操作教具的时间。

在进行课堂教学观察、分析与评价时，要注意对这六部分时间作分别记录，一般可根据课堂录像进行比较精确的统计。我们根据第八章的说课设计进行了课堂教学实践，统计得到课堂教学行为时间分配表（表 9-6），其中总时长为 40 分钟 55 秒。

表 9-6　课堂教学行为时间分布

	教师讲授	师生互动交流	学生独立思考	小组合作	随堂练习	其他
时长	10 分钟 6 秒	13 分钟 1 秒	4 分钟 13 秒	5 分钟	5 分钟 20 秒	3 分钟 15 秒
占比	24.7%	31.8%	10.3%	12.2%	13.0%	7.9%

从表9-6中我们可以看到,教师讲授时间、师生互动交流时间、学生独立思考时间、小组合作时间、随堂练习时间、其他时间分别占课堂总时长的24.7%、31.8%、10.3%、12.2%、13.0%、7.9%。其中,师生互动交流的时长占比最高;教师独享的时间并不多,说明教师独立讲解的部分并不多,充分体现了学生的主体地位;学生独立思考、小组合作、随堂练习的时间共占35.6%,反映出学生活动的时间是比较充裕的,这也是可喜的现象。

笔者以为,教师讲授、师生互动交流和学生活动的时间在课堂总时长中的占比应根据不同的教学内容,匹配相适宜的比例。对于"能被2、5整除的数"这节课,教师非常关注与学生之间的对话,课堂氛围活跃且比较民主。学生学习方式以互动交流为主,辅以独立学习、小组合作,并留出一定的时间让学生随堂练习,这也是我们所倡导的。

综上所述,这节课中的课堂教学行为时间分配是比较适宜的,充分展现了学生的主体地位,有利于学生学习。

（2）根据各教学环节时间进行分类

课堂教学由不同的环节构成,因此可根据教学设计中的环节设置,按课堂教学环节时间进行分类。教师在设计教学时,不但要考虑整个设计的逻辑结构,各个环节如何递进呈现,还应预设每个环节的教学时间,以更好地整体把握课堂。在第八章基于特征原理探索的说课设计中,我们构建了五个主要环节。教师对各个环节所占时间的分配体现出其对教学重点及难点的把握情况,也反映出其对课堂教学的调控水平。

为了统计与计算的方便,我们以整分钟数统计各个环节的用时,课堂总时长计为40分钟,结果如表9-7所示。

表9-7　课堂教学环节时间统计表

环节	内容	时间	占比
一	开门见山,揭示课题	2分钟	5%
二	探究能被2整除的数的特征 （观察、猜想—验证猜想—说理论证—巩固应用—揭示奇数、偶数的概念）	17分钟	42.5%

（续表）

环节	内容	时间	占比
三	探究能被 5 整除的数的特征 （建立方法模型—迁移方法—小结）	13 分钟	32.5%
四	分层作业，巩固提高	6 分钟	15%
五	回顾总结	2 分钟	5%

从表 9-7 中我们可以看到，环节二所用的时间最多，一共用了 17 分钟，占课堂总时长的 42.5%。进一步分析，发现在探究能被 2 整除的数的特征过程中，学生与教师之间的互动时间最长，主要集中在说理环节，而这也是这节课的教学重点。环节三的用时也较多，共 13 分钟，占课堂总时长的 32.5%，主要是让学生基于"能被 2 整除的数的特征"的探究过程建立方法模型，并迁移方法，自主探究能被 5 整除的数的特征。可见，"能被 5 整除的数的特征"的学习更加侧重思想方法的迁移，学生独立学习的时间更多，教师则从旁引导学生揭示概念本质，强调概念的形成过程。例如，把四位数拆分成"$\square \times 1000 + \square \times 100 + \square \times 10 + \square$"的形式，发现千位、百位、十位上的数字表示整千、整百、整十数，从而将目光聚焦到个位数字，明确为什么判断一个数能否被 2、5 整除要看个位。

综合分析各个环节的时间分布，发现教师注重学生独立思考与相互交流的过程，并给予了充分的时间，从而更好地突出学生的主体性。实际上，每个环节都应匹配相应的教学目标，都需要配以一定的时间来达成目标，不能顾此失彼。

2. 教师提问的有效性

下面，从教师提问的有效性角度对课堂进行分析。同样，基于对第八章说课设计的具体实践，我们把课堂中教师提出的所有问题进行分类，主要分成以下三大类。

（1）无关性问题

无关性问题指教师在课堂上提出的与教学无关联的问题，如"你喜欢怎样的老师给你上课""你觉得老师的板书漂亮吗"。一般来说，教师在课堂上要避免提出无关性问题。

（2）基础认知问题

基础认知问题又可细分为识记型问题、理解型问题、应用型问题。识记型问题指引导学生回忆相关知识的问题，如"你还记得昨天我们学习了什么内容吗"。理解型问题指引导学生理解相关知识的问题，如"你听懂刚才这位同学说的了吗""圈出能被 2 整除的数，看看这些数有什么共同的特征"。应用型问题指在理解知识的基础上，引导学生应用知识的问题，如"写出一些个位是 0、2、4、6、8 的四位数或者更大的数，然后用计算器计算，看看它们能不能被 2 整除"。

（3）高阶认知问题

高阶认知问题可细分为分析型问题、评价型问题、创新型问题。分析型问题要求学生在理解知识的基础上，能对问题进行分析，并能迁移方法解决问题，如"对于三位数、四位数等更大的一些数，它们的个位如果也是 0、2、4、6、8 中的一个，那么它们也能被 2 整除吗"。评价型问题需要学生能对教师提出的问题作出判断或评价，如"我们发现整千、整百、整十数都能被 2 整除，所以一个数个位之前的数字都不需要看，这句话对吗"。创新型问题指引导学生对未知情况进行探索的问题，如"按理说，判断一个数能不能被 2 整除，应该要综合考虑这个数各个数位上的数字，而不仅仅是看它的个位数字，这中间又有什么原理呢"。

思考 如果把教师提出的问题分成上述三类，那么教师应更多地提出哪一类问题？为什么？

对教师的提问进行分类，便于我们运用定性与定量相结合的方法对其进行研究与分析。而事实上，这样的分类存在一定的模糊性，有些问题其实很难明确地将其划分为某一类，我们只能大致作出判断。另外，教师也可根据自己的研究需求采取不同的分类标准。

在对教师提问进行分类后，汇总得到教师提问类型统计表（表 9-8）。

表9-8　教师提问类型统计表

序号	问题	基础认知问题			高阶认知问题			无关性问题
		识记型问题	理解型问题	应用型问题	分析型问题	评价型问题	创新型问题	
1	仔细观察百数表，圈出能被2整除的数，看看这些数有什么共同的特征		√					
2	请一位同学来说说你圈出的是哪些数	√						
3	个位上是0、2、4、6、8的数，都能被2整除吗			√				
4	既然是猜想，就必须要验证。刚才我们找的是100以内的数，你能否找出一些更大的数			√				
5	写出一些个位是0、2、4、6、8的四位数或者更大的数，然后用计算器计算，看看它们能不能被2整除			√				
6	你写的数是什么			√				
7	这位同学写了102，它能被2整除吗		√					
8	有没有同学写出的数的个位上也是0、2、4、6、8，但不能被2整除	√						
9	对于三位数、四位数等更大的一些数，它们的个位如果也是0、2、4、6、8中的一个，那么它们也能被2整除吗				√			

（续表）

序号	问题	基础认知问题			高阶认知问题			无关性问题
		识记型问题	理解型问题	应用型问题	分析型问题	评价型问题	创新型问题	
10	是不是能被 2 整除的数的个位数字必须是 0、2、4、6、8					√		
11	有没有其他办法能一劳永逸地证明能被 2 整除的数的特征与个位数字有关，而与其他数位上的数字无关呢				√			
12	按理说，判断一个数能不能被 2 整除，应该要综合考虑这个数各个数位上的数字，而不仅仅是看它的个位数字，这中间又有什么原理呢						√	
13	我们能不能把一个具体的数拆成由各个数位上的数字组成的形式，如 528 = 500 + 20 + 8（板书），看看里面到底藏着怎样的奥秘						√	
14	将数拆成"各个数位上数字之和"的形式，观察能被 2 整除的数与其中哪些数字有关						√	
15	拆分之后，个位数字之前的整千、整百、整十数有什么特点		√					

（续表）

序号	问题	基础认知问题			高阶认知问题			无关性问题
		识记型问题	理解型问题	应用型问题	分析型问题	评价型问题	创新型问题	
16	我们发现整千、整百、整十数都能被2整除，所以一个数个位之前的数字都不需要看，这句话对吗					√		
17	剩下的只看什么		√					
18	为什么判断一个数能不能被2整除，只要看这些数个位上的数字					√		
19	判断下面哪些数能被2整除，并说明理由				√			
20	仔细回想一下，刚才我们是怎样研究能被2整除的数的特征的					√		
21	你能尝试用这种方法来研究能被5整除的数的特征吗					√		
22	通过刚才的分析和研究，我们得出了什么结论？我们是怎样研究能被5整除的数的特征的				√			
23	刚才我们进行了小组合作，通过观察、猜想、验证，归纳出了能被5整除的数的特征，那么为什么会有这样的特征呢						√	
24	这两个圆圈分别表示什么意思		√					

（续表）

序号	问题	基础认知问题			高阶认知问题			无关性问题
		识记型问题	理解型问题	应用型问题	分析型问题	评价型问题	创新型问题	
25	中间交叉的区域又该填什么			√				
26	你们同意吗					√		
27	观察这些既能被 2 整除，又能被 5 整除的数，它们有什么共同点与不同点						√	
28	你能把"□□□6""7□5""21□"这三个数也填入上图中相应的区域内吗			√				
29	你这样填的理由是什么					√		
30	请解释四位数"3A20"为什么能被 10 整除						√	
31	今天这节课，你有什么收获						√	

思考 你认为可以从哪些角度对课堂提问情况进行分析与评价？

3. 课堂提问情况分析

我们可以从以下三个方面对课堂提问情况进行具体分析：一是教师提问类型，二是师生回应方式，三是师生对话深度。

（1）教师提问类型分析

从表 9-8 中可以看到，教师在这节课上一共提出了 31 个问题，均为基础认知问题或高阶认知问题，未提出无关性问题。基础认知问题和高阶认知问题的具体分布情况如表 9-9 所示。

表9-9 教师提问类型统计表

提问类型	基础认知问题			高阶认知问题		
	识记型	理解型	应用型	分析型	评价型	创新型
提问次数	2	5	6	4	4	10
占比	6.5%	16.1%	19.4%	12.9%	12.9%	32.3%
合计	41.9%			58.1%		

思考 课堂教学中，教师一般会提出一些引发学生思考的问题。你认为在一节课中，教师提问的数量大约是多少比较合适？为什么？

就这节课来说，教师提出的问题总数为31个。笔者以为，这个数量并不多，且这是一个比较好的现象。如果教师提问数量很多，势必会细化问题，如此则压缩了学生思考的空间。下面，试举一例。

问法1：为什么判断一个数是不是能被2整除，只要看它个位上的数字？

问法2：想一想，判断一个数是不是能被2整除要看它哪一位上的数字？是看百位上的数字，还是看十位或个位上的数字？为什么要看这一位上的数字呢？

显然，问法2中问题的数量较多，问题显得过于细碎且较分散，使得学生的思考不够集中。相较之下，问法1中的问题言简意赅，指向性明确，思考性较强，当然难度也较大。笔者以为，理想的情况是教师先提出一个"大"且"集中"的问题让学生思考，然后根据学生的反馈展开追问或转问。

进一步分析表9-9中每一类问题的数据，发现教师提出基础认知问题共13次，占41.9%；提出高阶认知问题共18次，占58.1%。特别地，高阶认知问题下的创新型问题的出现频率最高，占32.3%；其次为应用型问题，占19.4%。从中可以看出，教师有意识地培养学生的创新能力及高阶思维，为学生创设探究空间较大的问题情境，帮助学生发散思维，这是非常值得肯定的。

（2）师生回应方式分析

当教师提出问题后，学生会作出相应的回应，我们把学生的回答方式分为"集体回答""个别回答""无人回答"三类进行统计。在学生回答问题后，教师也要作出相应的反馈，称为教师的理答方式。根据不同的研究目的，可对教师的理答方式进行不同标准的分类。本研究中，我们把教师的理答方式分成七类，分别是表扬、追问、重复学生作答、补充学生作答、让其他学生评价、指出错误、无回应。对学生的回答方式和教师的理答方式进行统计，结果如表 9-10 所示。

表 9-10　师生回应方式统计表

行为类别		频次	占比
学生的回答方式	集体回答	9	20.5%
	个别回答	30	68.2%
	无人回答	5	11.4%
教师的理答方式	表扬	10	23.3%
	追问	8	18.6%
	重复学生作答	1	2.3%
	补充学生作答	14	32.6%
	让其他学生评价	5	11.6%
	指出错误	3	7.0%
	无回应	2	4.7%

【思考】根据表 9-10 中的数据，你可以得到什么结论？你认为教师对学生的理答方式合理吗？为什么？

观察表 9-10 中的数据，发现在学生的回答方式方面，主要是学生的个别回答，达到了 30 人次，涉及面较广，占回答总次数的 68.2%，可见教师比较重视让更多的学生有发言的机会；集体回答的次数约占回答总次数的五分之一，从侧面反映出教师有意向全班抛出难度水平较低的问题，以调动全班的积极性；无人回答的占比为 11.4%，表明部分教师提问还是有一定难度的，由此产生了教师的进一步追问。

教师的理答方式方面，教师补充学生作答的占比最高，约占三分之一，表明教师认真倾听学生的作答，并能作出及时有效的反馈，修正学生作答，帮助学生完善认知。其次是教师表扬，一共出现了 10 次，占 23.3%。在教师的鼓励下，学生会更愿意思考，勇于提问。另外，出现了 5 次教师让其他学生评价的情况，这一做法不仅可以看出学生有没有认真倾听同伴的发言，也促进了生生之间的交流，更是评价主体多元化的体现，这样的理答方式值得提倡。

（3）师生对话深度分析

当前，依托现代化的智能平台或数据分析软件，可对一堂课中的师生对话深度进行分析，教师只需要将课堂实录上传至平台即可，系统则会自动识别师生的语言并进行定级。我们对这节课中的师生对话进行语言深度分析，结果如表 9-11 所示。其中，层级越高，对话内容越深刻。

表 9-11　师生对话深度情况统计表

对话深度层级	频次	占比
一级深度	8	18.2%
二级深度	19	43.2%
三级深度	17	38.6%

思考 根据表 9-11 中的对话深度层次设置，你认为一节课中师生对话的深度应聚焦于哪一个层级？为什么？

从表 9-11 中可以看出，本节课中教师和学生的对话呈现出高水平的态势。其中，二级深度的师生对话最多，达到了 19 次，占 43.2%，表明教师在与学生的互动中，倾向于引导学生理解相关内容。由于"能被 2、5 整除的数"是一节概念课，需要学生理解的内容较多，因此二级深度对话的占比最高符合学情。其次是三级深度的师生对话，一共出现了 17 次，占比为 38.6%，仅次于二级深度的师生对话。三级深度的师生对话主要集中在探究能被 2、5 整除的数的特征原理这一活动中，需要学生展开深层次思考并进行说理，对学生的要求较高。其间，教师也重视引导学生分析说理，以对话的形式帮助学生发散思维。另外，出现了 8 次一级深度的师生对话，占比相对较低。

总体来说，教师与学生展开了积极的互动与交流，对话有效且具有一定的深度。

三、指向课程性质维度的观察结果分析

指向课程性质维度的观察，可以从如何以问题驱动教学、情境的创设和利用、情境创设的有效性等方面展开。

笔者以为，由情境产生的问题可以更好地激发学生探究的兴趣，引导学生展开新知的学习，因此情境的创设尤为重要。下面，以"情境创设的有效性"这一观测点对这节课的课程性质作具体分析。

1. 观察量表的设计及观察结果

我们从以下三个维度设计"情境创设的有效性"观察量表：一是创设的情境能否引起并保持学生的学习兴趣，二是学生能否充分利用情境达成学习目标，三是情境创设与学习目标的适切程度。然后，针对各个维度细分观察要素，从而设计出一张便于观察、记录且可迁移的观察量表。

课前，确定本节课的学习目标为：探究能被 2、5 整除的数的特征，通过观察、验证、举例等方式，解释为什么只要看个位的原理。基于学习目标，利用设计得到的观察量表记录观察结果，具体如表 9-12 所示。

表 9-12 "情境创设的有效性"观察量表

观察维度	观察要素	教学环节					
		探究能被 2 整除的数的特征		探究能被 5 整除的数的特征		分层作业，巩固提高	回顾总结
		百数表	猜想讨论验证说理	百数表问题资料	建模迁移	教材习题创编习题	方法梳理比较
创设的情境能否引起并保持学生的学习兴趣	学习情绪	好奇	激动积极	投入	兴奋激动	投入	积极
	学习行为	观察回答倾听	观察回答倾听讨论	观察回答倾听	思辨回答判断操作	计算思考回答	观察回答倾听
	学习群体	全体学生	全体学生	全体学生	全体学生	全体学生	全体学生

（续表）

观察维度	观察要素	教学环节					
		探究能被2整除的数的特征		探究能被5整除的数的特征		分层作业，巩固提高	回顾总结
		百数表	猜想讨论验证说理	百数表问题资料	建模迁移	教材习题创编习题	方法梳理比较
学生能否充分利用情境达成学习目标	问题及其有效性的证据	·问题1，简单，全体学生明白 ·问题2，简单，全体学生明白 ·问题3，中等难度，全体学生明白	·问题4，较难，大部分学生明白	·问题5，简单，全体学生明白 ·问题6，中等难度，全体学生明白	·问题7，较难，大部分学生明白	·问题8，较难，大部分学生明白 ·问题9，中等难度，全体学生明白	·问题10，中等难度，大部分学生明白 ·问题11，中等难度，大部分学生明白
	学生操作		两名学困生参与讨论并记录	一名学困生答对		一名学困生操作	一名学生答对，两名学困生表情疑惑
	学生回答		交流展示三种原理解释方法				
情境创设与学习目标的适切程度	用时	4分钟	14分钟	7分钟	7分钟	5分钟	3分钟
	问题或问题链对应的认知行为	理解	应用	理解应用	迁移创新评价	应用评价	综合评价

表 9-12 中的问题 1～问题 11 均为教师提出的关键问题，具体如下。

问题 1：仔细观察百数表，圈出能被 2 整除的数，看看这些数有什么共同的特征。

问题 2：有没有同学写出的数的个位上也是 0、2、4、6、8，但不能被 2 整除？

问题 3：是不是能被 2 整除的数的个位数字必须是 0、2、4、6、8？

问题 4：有没有其他办法能一劳永逸地证明能被 2 整除的数的特征与个位数字有关，而与其他数位上的数字无关呢？

问题 5：仔细回想一下，刚才我们是怎样研究能被 2 整除的数的特征的？

问题 6：你能尝试用这种方法来研究能被 5 整除的数的特征吗？

问题 7：刚才我们进行了小组合作，通过观察、猜想、验证，归纳出了能被 5 整除的数的特征，那么为什么会有这样的特征呢？

问题 8：观察这些既能被 2 整除，又能被 5 整除的数，你有什么发现？

问题 9：你能把"□□□6""7□5""21□"这三个数也填入上图中相应的区域内吗？

问题 10：我们是怎样研究能被 5 整除的数的特征的？

问题 11：观察这些既能被 2 整除，又能被 5 整除的数，它们有什么共同点与不同点？

2. 观察结果分析

首先，从学生的"学习情绪""学习行为""学习人数"的情况来看，本节课创设的各种情境都能很好地吸引学生的注意力，并让他们保持一定的关注度。特别地，在交流展示三种不同的原理解释方法及猜想验证的情境中，学生显得十分兴奋，表明这两个环节的情境创设充分激活了学生的思维，为接下来的问题解决打下了良好的基础。

其次，从"问题及其有效性的证据""学生操作""学生回答"的情况来看，教师能充分利用情境设置具有一定梯度的问题，引导学生逐渐达成学习目标。只是在探究能被 5 整除的数的特征中的建模环节，教师提出的问题对学生来说缺少相应的学习支架，导致学生理解困难，讲评后部分学困生仍面露难色。笔者以为，教师可为有需要的学生提供个性化的学习材料，以帮助他们更好地实现迁移。

最后，从"用时""问题或问题链对应的认知行为"的情况来看，教师对各个环节的时间安排大致合理，对于重难点部分，给予了学生充分的探究时间。但是，在学生交流能被 2 整除的数的特征的原理环节，耗费了过多的时间，导致后面学生独立完成作业的时间被压缩了。笔者以为，教师可设计相应的"个性化问题导引"学习单，让学生的讨论与说理更高效。而在达成本节课学习目标的过程中，各环节对应的认知行为以"理解""应用""评价"居多，同时涉及"迁移""创新""综合"等高水平的认知行为，契合本节课原理性问题探究的学习目标，表明教师能够围绕学习目标，通过创设情境逐步引导学生解决核心问题。

四、指向课堂文化维度的观察结果分析

指向课堂文化维度的观察可以从学生是如何思考的、学生的思考习惯及教师的目光分配等方面展开。下面，基于"学生的思考习惯"这一观测点对这节课的课堂文化作具体分析，并从"课前准备习惯""课堂中的思考习惯"两方面来考查学生的思考习惯。其中，课前以问卷的形式对学生进行抽样调查，以了解学生的课前准备习惯；同时通过课堂观察，了解学生在课堂中的思考习惯。

1. 学生课前准备习惯分析

调查问卷要围绕本节课的学习目标来设计，一般围绕学生对核心概念的理解情况，以及提出自己的困惑。通过问卷调查，有助于教师更好地把握学情，也能让学生带着问题走进课堂，使课堂学习更高效。为了更充分地了解学生的课前准备习惯，要求样本数量不少于班级总人数的一半。

课前问卷调查的内容如下。

① 课前，你是否预习了本节课的学习内容？（若选 B，后面几题则不用作答）

A. 是　　　　B. 否

② 课本上对这节课学习内容的表述，你清楚吗？

A. 很清楚　　B. 比较清楚　　C. 不清楚

③ 你预习时是否与同学讨论？

A. 是　　　　B. 否

④ 本节课主要的学习内容有五项，你预习后还不清楚的内容有哪些？

A. "能被 2 整除的数的特征"相关概念

B. 奇数和偶数的概念

C. "能被 5 整除的数的特征"相关概念

D. 如何判断哪些数能被 2 整除，哪些数能被 5 整除

E. 判断哪些数能被 2 或 5 整除，为什么只要看个位

⑤ 你的困惑是：＿＿＿＿＿＿＿＿＿＿＿＿＿＿＿＿。

2. 学生在课堂中的思考习惯分析

首先，我们将学生思考的参与度分为三个等级：层级 A 表示全班学生积极思考，层级 B 表示多数学生积极思考，层级 C 表示少数学生积极思考。其次，聚焦"探究能被 2 整除的数的特征""探究能被 5 整除的数的特征""分层作业，巩固提高"这三个环节，从"讨论""记笔记""看书/查阅资料""课堂作业"这四个维度，对学生在课堂中的思考习惯展开观察与分析，结果如表 9-13 所示。

表 9-13　学生在课堂中的思考习惯观察量表

	探究能被 2 整除的数的特征	探究能被 5 整除的数的特征	分层作业，巩固提高
讨论	·通过观察百数表，发现个位数字的特征（层级 A） ·提出猜想：个位上是 0、2、4、6、8 的数能被 2 整除（层级 B） ·说理（层级 C）	·讨论用什么方法来研究能被 5 整除的数的特征（层级 A） ·说理：为什么有这样的特征（层级 B）	·判断哪些数能被 2 或 5 整除并填表（层级 A） ·把符合要求的数填入相应的集合圈中并说明理由（层级 B） ·说理：四位数"3A20"为什么能被 10 整除（层级 C）

（续表）

	探究能被 2 整除的数的特征	探究能被 5 整除的数的特征	分层作业，巩固提高
记笔记	·同桌合作，一人说出 3 个比 100 大的数，一人用计算器验证这个数能不能被 2 整除（层级 A）	·四人小组合作，迁移学习，轮流用不同的方法进行说理，其中一名学生记录思考过程（层级 A）	·独立思考并记录（层级 A）
看书 / 查阅资料	·观察百数表，自主阅读奇数和偶数的定义（层级 A）	·少数学优生查阅课本上《你知道吗？》栏目中的拓展内容（层级 C）	·少数学困生查看课本中的概念，多数学生能独立解答（层级 A）
课堂作业	·独立判断哪些数能被 2 整除（层级 A） ·全班校对并反馈（层级 A）	·所有学生认真思考并积极完成练习（层级 A）	·所有学生认真思考并积极完成练习（层级 A）

从表 9-13 中可以知道，整节课中的大部分时间，学生的思考参与度为层级 A。也就是说，在整个教学过程中，大多数情况下全班学生能积极思考，表明学生的思考习惯较好。

"讨论"方面，在"探究能被 2 整除的数的特征"环节，多数学生能积极思考，而在说理过程中，由于思考的深度和难度明显增加，因此只有少数学生的思维比较活跃；之后的"探究能被 5 整除的数的特征"环节，由于有了方法的积累，此时学生可自主进行迁移学习，因此此环节的说理过程，多数学生能积极思考。"记笔记"方面，所有学生都能积极思考并认真记录。"看书 / 查阅资料"方面，学困生和学优生表现出明显的差异，少数学优生能自主阅读并学习课本上《你知道吗？》栏目中的拓展内容，进而将自主习得的知识运用到说理过程中；而在分层练习环节，学生根据自身的认知水平采取不同的方式完成作答，总体上学生都能积极思考。

本章为一线教师提供了课堂观测的一些可操作性方法及可迁移的观察量表，希望可以帮助教师解决教学中的一些困难。

第十章 单元序列课设计研究

"数的整除"单元内容抽象且相对枯燥,与小学生认知特点形成较大反差,使得这部分内容的教学成为很多一线教师的"硬骨头"[①]。但是,这部分内容的重要性不言而喻,包含整除、因数、倍数、质数(素数)、合数、最大公因数、最小公倍数等重要概念。"整体把握教学内容"是《课标 2022 年版》提出的核心理念之一,一方面要注重教学内容的结构化,也就是要重视对单元内容的整体分析,帮助学生建立能体现数学学科本质、对未来学习有支撑意义的结构化的数学知识体系;另一方面要注重教学内容与核心素养的关联,在教学过程中,不仅要注重具体内容与核心素养之间的关联,还要注重内容主线与核心素养发展之间的关联。因此,为科学地设计"数的整除"单元序列课,我们首先要思考以下核心问题:(1)"数的整除"单元与哪些核心素养有关联?(2)"数的整除"单元有怎样的学习价值?(3)"数的整除"的单元结构是怎样的?(4)学生对"数的整除"内容的认知特点和认知水平如何?明晰以上问题,才能整体把握"数的整除"内容体系,从而设计出符合学科本质、体现儿童视角的单元序列课。

第一节 "数的整除"单元中的核心素养

"数的整除"单元知识是学生形成抽象意识和推理意识的重要载体。数学抽象是重要的数学基本思想,也是学生要养成的数学素养。其中,分类是实现数学抽象的重要方法。分类就是抽象事物共性并归类的过程,"数的整除"单元蕴含着

---

① 周卫红,禹芳. 数的整除 [M]. 北京: 教育科学出版社,2023.

大量的分类思想。例如，人教版教材在学习因数、倍数概念时，让学生根据算式的特点进行分类，从而引出因数、倍数的概念；以是否是 2 的倍数为分类标准，引出奇数和偶数的概念；以因数的个数为分类标准，把整数分为三类，引出质数、合数的概念；等等。

《课标 2022 年版》指出："推理意识主要是指对逻辑推理过程及其意义的初步感悟。知道可以从一些事实和命题出发，依据规则推出其他命题或结论；能够通过简单的归纳或类比，猜想或发现一些初步的结论；通过法则运用，体验数学从一般到特殊的论证过程；对自己及他人的问题解决过程给出合理解释。推理意识有助于养成讲道理、有条理的思维习惯，增强交流能力，是形成推理能力的经验基础。"[①] 在"数的整除"单元教学中，要引导学生运用列举、计算、归纳等方法，探索 2、3、5 的倍数特征，理解因数和倍数等概念，逐步形成推理意识。例如，在学习 3 的倍数特征时，善于思考的学生会提出这样的问题：为什么一个数各数位上的数字之和是 3 的倍数，这个数就是 3 的倍数？这是教师引导学生展开推理论证的极好素材和时机，可以借助小棒的直观演示，让学生感悟自然数的多元表征。以研究 111 为例，学生通过 3 个 3 个地分，发现 1 个 100 可以分成 1 个 99 和 1 个 1，99 能被 3 分完，剩下 1 个 1；同理，1 个 10 可以分成 1 个 9 和 1 个 1，9 能被 3 分完，剩下 1 个 1；把剩下的这 2 根小棒归到个位上，一共剩下 3 根小棒，继续分，正好分完。这个过程通过小棒的直观支撑，激活了学生对位值制的认知，学生不仅知其然，还知其所以然，培养了学生的推理意识，让学生成为一名会讲道理的数学学习者。这样的教学，就是在教素养、教策略。

另外，语言表达也是发展学生推理意识的有效途径。例如，判断 234 是不是 2 的倍数，学生要经历"演绎推理三段论"的过程：个位是 0、2、4、6、8 的数是 2 的倍数（大前提），因为 234 个位上的数字是 4（小前提），所以 234 是 2 的倍数（结论）。当学生能清楚地表达其中的逻辑关系时，就说明其推理意识得到了有效发展。

---

① 中华人民共和国教育部. 义务教育数学课程标准（2022 年版）[S]. 北京: 北京师范大学出版社, 2022.

第二节 "数的整除"单元的学习价值

"数的整除"内容属数论领域。相比于其他数学分支,部分数论问题描述简单,学生大多能看懂,如哥德巴赫猜想、孪生质数猜想等。但是,这些看似简单的问题,要解决它们却难于登天,因此激起了许多数学家的探索兴趣,如费马、华罗庚、陈景润、王元等。从这个角度分析,"数的整除"学习能有效唤醒学生的数学学习兴趣,让学生感受到数学之奇、数学之美,特别是"大胆猜想,小心求证"的思维与证明之美。

从知识之间的联系角度来讲,"数的整除"相关知识为学生学习分数奠定了基础。"数的整除"一般安排在"分数的意义和性质"之前,这是因为它是学习分数知识的基础。例如,在学习约分时,要用到公因数、最大公因数概念,以及 2、3、5 的倍数特征;学习通分时,要用到公倍数、最小公倍数概念;异分母分数加减法、分数乘除法等内容的学习,都会用到"数的整除"单元中的相关概念与技能,因此这个根基必须打牢。

《课标 2022 年版》对这部分内容的要求为"知道 2、3、5 的倍数的特征,了解公倍数和最小公倍数,了解公因数和最大公因数,了解奇数、偶数、质数(或素数)和合数",与之对应的学业要求为"能找出 2、3、5 的倍数。在 1~100 的自然数中:能找出 10 以内自然数的所有倍数,10 以内两个自然数的公倍数和最小公倍数;能找出一个自然数的所有因数,两个自然数的公因数和最大公因数;能判断一个自然数是否是质数或合数"[①]。从中可看出,课标突出对"数的整除"核心概念的理解。另外,在"教学提示"部分,提出"数的认识教学要引导学生根据数的意义,用列举、计算、归纳等方法,探索 2、3、5 的倍数的特征,理解公因数和公倍数、奇数和偶数、质数和合数,形成推理意识"[②],凸显了"数的整除"内容对培养学生推理意识的学习价值。

---

① 中华人民共和国教育部. 义务教育数学课程标准(2022 年版)[S]. 北京: 北京师范大学出版社, 2022.
② 同①.

第三节 "数的整除"单元的结构设计

"数的整除"单元各个概念之间存在着密切的联系。厘清并充分把握概念之间的联系,才能系统建构单元结构,使得每个新概念的建构都是建立在原有概念的基础之上,利于概念的迁移和应用。本单元知识结构如图 10-1 所示。

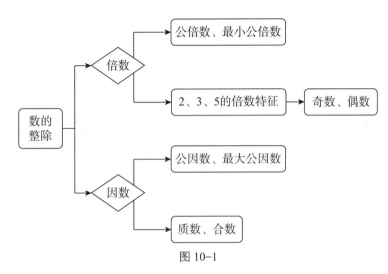

图 10-1

"数的整除"单元所涉及的概念虽然多,也比较抽象,但并不零散。深入分析概念本质,不难发现它们都是基于整除概念衍生出来的,它们之间是"枝与干"的关系。然而,遗憾的是,人教版教材并没有单独安排"整除"一课,为什么呢?对此,五年级下册《教师教学用书》是这样解释的:整除与倍数、因数,是同一数学事实的两种不同说法,它们是等价的。从学生角度看,他们在前面的学习中已经积累了大量的区分整除与有余数除法的知识经验,对整除的含义有比较清楚的认识,但对使用"谁能被谁整除""谁能整除谁"的叙述方式却不适应,容易说错。因此,不出现整除的概念,会使教师感到有些习惯说法要改口,对学生学习并不会产生实质性的影响。① 笔者查阅了浙教版新思维小学数学教材,发现设有"整除"一课。

---

① 人民教育出版社,课程教材研究所,小学数学课程教材研究开发中心.义务教育教科书教师教学用书·数学五年级下册(2016年版)[M].北京:人民教育出版社,2016.

　　笔者以为，单独编排"整除"一课有以下两方面的好处。一方面，从知识的逻辑上看，整除概念衍生出因数、倍数概念，因数概念衍生出质数、合数概念，倍数概念衍生出奇数、偶数概念，知识的发生脉络非常清楚，能有效实现概念溯源。另一方面，引入整除概念，能使数的整除特征的表达得到统一，且实践证明，介绍整除概念并不会增加学生的负担，至于"谁能被谁整除""谁能整除谁"的叙述方式，不要求学生两种都掌握，可以统一到"谁能被谁整除"上，这样就能避免叙述表达所带来的心理负担。

　　我们知道，"数的整除"相关内容与整数、十进制计数法、乘法、除法等知识联系紧密，同时是约分、通分、异分母分数加减法等相关知识的基础。因此，学习"数的整除"单元中的各个概念，需要打通原有概念、后续概念，以及该单元内部概念之间的联通，形成概念网络（图10-2），让学生对概念的认知更有系统性、整体性和结构性。

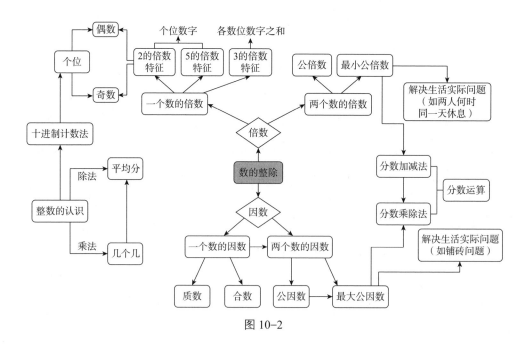

图10-2

第四节 学生对"数的整除"的认知水平及认知困难

学情调查和分析是了解学生对某一知识或概念的认知水平和认知困难的基本手段。能否正确把握学生的认知水平和认知困难，决定了单元序列课的设计是否具有针对性和适切性。因此，学情调查和分析是整体设计单元序列课的前提和保障[①]。

为什么学生不容易理解"数的整除"单元？这是由于数学知识的抽象性与学生思维的形象性之间的矛盾造成的。学生往往会产生这样的疑问：为什么今天学的"因数"和以前学的"因数"不一样？为什么 1 既不是质数也不是合数？为什么 91 明明是奇数，却还是合数呢？……这些问题的背后，都反映出学生对抽象概念的认知困难。

一般地，为了缓解数学知识的抽象性与学生思维的形象性之间的矛盾，教学中往往会采取直观支撑、联系生活实际的方式。然而，在"数的整除"教学中，富含这两方面的要素显得十分单薄，很多概念"直观"不起来，难以找到实际生活中的"原型"。例如，在学习公因数和公倍数之后，一般会让学生解答类似下面的一道题：

五（2）班同学参加列队表演，共有男生 18 人，女生 24 人。把所有男生、女生分成若干组，如果每组男生和女生的人数相等，那么每组最多有多少人？

对于这样的题目，三年级学生通过动手操作、不断尝试，约 80% 的学生能顺利解答。然而，学完了公因数、公倍数等概念之后，学生反而会遗忘直观操作的方法，套用一知半解的概念，采用所谓的"妙招"进行解答：看到"最大""最多"这样的词，一般是求最大公因数；看到"至少""最少"这样的词，一般是求最小公倍数。这种疏于理解、机械套用解题模式的做法主要是因为学生并没有在概念和生活实际之间建立必要的关联。以下学情调查案例[②]，充分说明了学生学习"3

---

① 张春莉，吴正宪. 读懂中小学生数学学习：学情分析 [M]. 北京：北京师范大学出版社，2015.

② 本案例由浙江省杭州市崇文实验学校朱军老师提供。

的倍数特征"所存在的认知困难。

调研目的

3 的倍数特征是学生对自然数的进一步认识，不仅与后续学习的公因数、公倍数、质数等概念有关，又有其独特的教学价值。由于 2、5 的倍数特征与 3 的倍数特征在表述上很不一样，因此一般认为，2、5 的倍数特征的学习会对 3 的倍数特征的学习产生一定的干扰。上述观点也反映在教材编写中，如北师大版教材在导入部分就以小朋友的话语呈现"我猜个位上是 3、6 或 9 的数是 3 的倍数"，学生容易受到 2、5 的倍数特征的负迁移，误以为判断一个数是否是 3 的倍数也只要看个位。那么，学生到底是如何思考的？为了更好地促进学生对 3 的倍数特征的学习，"2、5 的倍数的特征"这节课应该更加关注什么？对此，我们开展了调研。

调研过程

（1）调研对象：使用浙教版新思维小学数学教材的某校四年级学生，共 116 人。

（2）调研题目。

题目 1：请写出几个 5 的倍数。仔细观察，这些 5 的倍数有什么特征？

设计意图：考查学生能否从自己写的 5 的倍数中，通过数学直觉发现特征。

题目 2：为什么 5 的倍数只要看个位？

设计意图：考查学生是否知道或理解 5 的倍数特征的原理。

题目 3：还有哪个数也有着类似的倍数特征？

设计意图：考查学生能否从 5 的倍数特征迁移到 2 的倍数特征。

在学生回答了上述三个问题后，教师告知学生 2、5 的倍数特征，并继续作答。

题目 4：你认为 3 的倍数有这样的特征（即看个位）吗？为什么？

设计意图：了解学生是否会受到 2、5 的倍数特征的负迁移。

题目 5：你知道 3 的倍数有什么特征吗？请写一写。

设计意图：考查学生是否真的了解 3 的倍数特征。

调研分析

（1）学生知道 3、5 的倍数特征吗？

我们想知道，在没有正式教学的情况下，仅仅通过写一些 3、5 的倍数，学生能直觉地发现它们的倍数特征吗？

学生对 5 的倍数特征的反馈情况如表 10-1 所示。

表 10-1　学生对 5 的倍数特征的反馈

具体表现	人数	占比
个位是 0 或 5	90	77.6%
5 个、5 个增加	23	19.8%
其他	3	2.6%

本次调查中，有 77.6% 的学生能正确写出 5 的倍数特征，这可能与该特征比较明显有关。然而，有近 20% 的学生写的是"5 个、5 个增加"，主要原因是这些学生所写出的 5 的倍数过于有序，即公差为 5 的等差数列，因此这部分学生就把"依次增加 5"的规律当作 5 的倍数特征。

学生对 3 的倍数特征的认知情况如表 10-2 所示。

表 10-2　学生对 3 的倍数特征的认知情况

学生反馈	人数	占比
知道	24	20.7%
不知道	92	79.3%

与 5 的倍数特征相比，3 的倍数特征则要"隐蔽"得多，近八成的学生不能直觉地发现其特征。进一步访谈发现，在知道特征的学生中，有一些也是通过提前学习而得知的，并不明白其原理。

（2）学生会认为 3 的倍数也有这样的特征（即看个位）吗？

在学生知道了 2、5 的倍数特征之后，了解学生在学习 3 的倍数特征时，是否会受到 2、5 的倍数特征的负迁移。对于题目 4"你认为 3 的倍数有这样的特征（即看个位）吗"的作答，学生反馈如表 10-3 所示。

表 10-3　学生对题目 4 的反馈

学生反馈	人数	占比
是	22	19.0%
不是	94	81.0%

此结果出乎我们的意料。尽管学生不知道 3 的倍数是什么，但约 80% 的学生知道 3 的倍数特征并不是"看个位"，说明大部分学生有一定的数学直觉。

（3）回答"不是看个位"的学生是怎么想的？

在回答 3 的倍数特征"不是看个位"的学生中，进一步分析其理由阐述。部分学生作答如图 10-3 至图 10-6 所示。

不是的。因为 3 的倍数既有单数，又有双数。

图 10-3

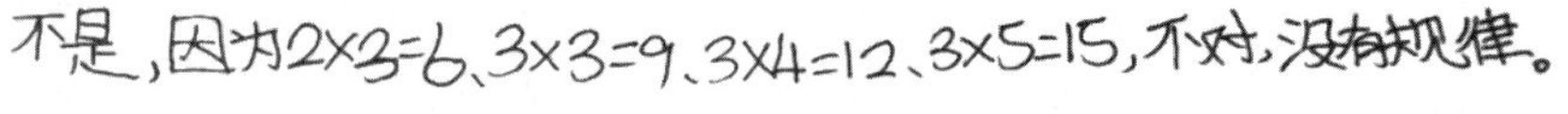

不是，因为 2×3=6、3×3=9、3×4=12、3×5=15，不对，没有规律。

图 10-4

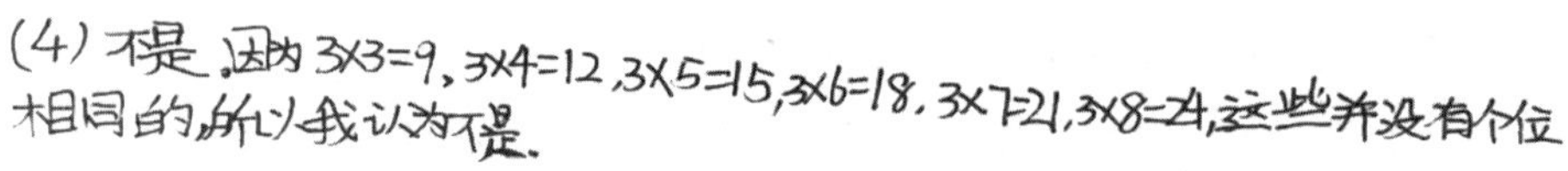

（4）是。因为 3×3=9、3×4=12、3×5=15、3×6=18、3×7=21、3×8=24，这些并没有个位相同的，所以我认为是。

图 10-5

0、3、6、9、12、15、18

不是，我们不能看 0、3、6、9。

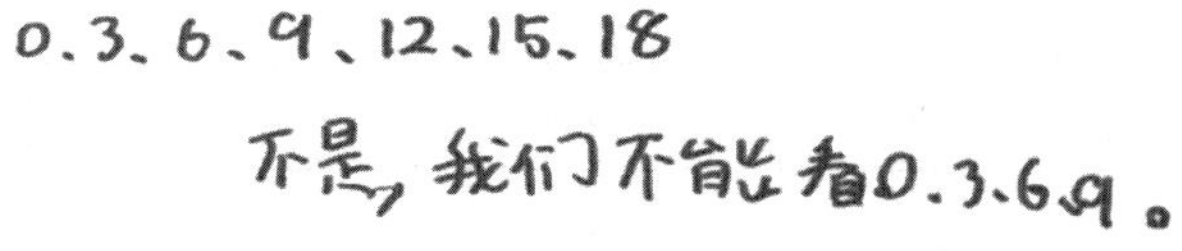

图 10-6

从上述学生的阐述中不难发现，他们其实并不知道 3 的倍数特征是什么，但他们能通过写数或写算式的方式举例说明，并提出观点：个位没有规律，不能看个位。

（4）回答"是看个位"的学生又是怎么想的呢？

在回答 3 的倍数特征"是看个位"的学生中，进一步分析其理由阐述。部分学生作答如图 10-7 至图 10-12 所示。

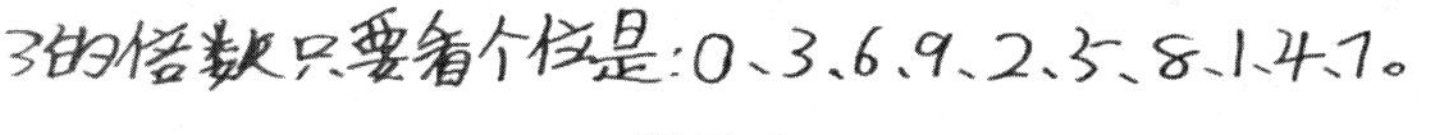

3的倍数只要看个位是：0、3、6、9、2、5、8、1、4、7。

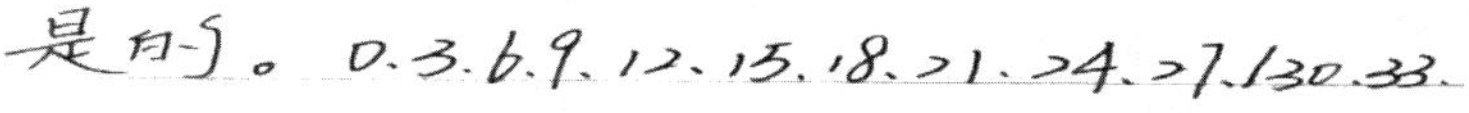

图 10-7

是的。0.3.6.9.12.15.18.21.24.27.130.33.

图 10-8

是。只要个位是一、三、五、七、九就是三的倍数。

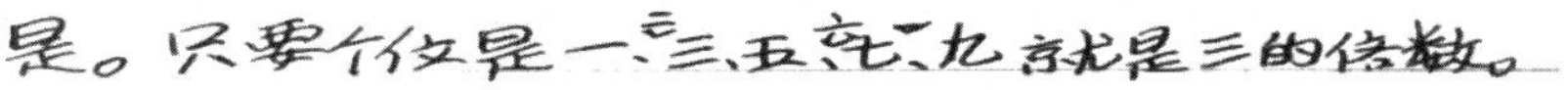

图 10-9

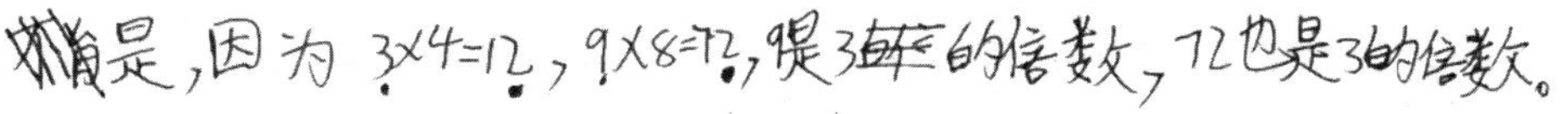

是，因为 3×4=12，9×8=72，是3的倍数，72也是3的倍数。

图 10-10

有 从 11乘×3开始，又是 3.6.9.2.5.8.1.4.7的xx的循环

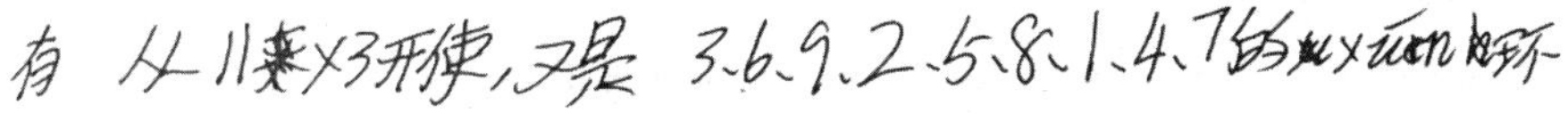

图 10-11

就是，因为3×5=15 3×6=18 3×7=21都是差3。

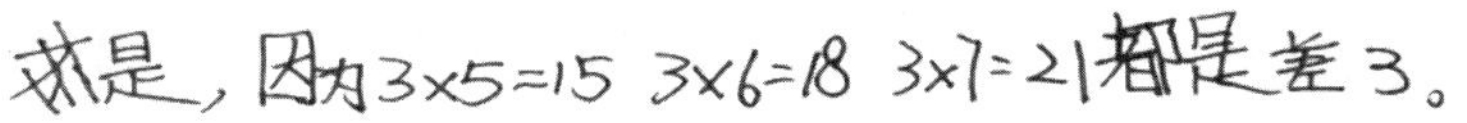

图 10-12

如图 10-10，该名学生只写了 12、72 这两个数，并在 12 和 72 的个位数字下方各加了一个圆点，以强调这两个数的个位数字是一样的，从而"佐证"3 的倍数特征只要看个位。显然，这样的想法是片面的，是典型的不完全归纳法的错误运用。同样地，如果有学生认为 3 的倍数特征是个位上是 3、6、9，也是由于他们所写的 3 的倍数正好都是个位数字是 3、6、9 的数。

当学生所举的例子更多时（超过 10 个），有意思的是，学生写出"只要看个位，是 0、3、6、9、2、5、8、1、4、7"（图 10-7），殊不知把所有个位数字的情况都包含在内了。这与上面提到的错误类型是一样的，都错误地把"现象"当作"本质"。

如图 10-12，还有学生认为 3 的倍数都相差 3，其实是因为他们无意识地按顺序来写 3 的倍数，从而容易联想到等差数列，而找等差数列的规律而他们曾经有过的经验。

综上所述，学生的问题并不在于"判断 3 的倍数的个位数字是不是 3、6、9"

等,而是他们容易把"现象"当作"本质",把"规律"当作"特征"。归根结底,学生的困难在于不明白何谓"特征"。

调研启示

通过本次调查研究,我们发现,即便学生不知道 3 的倍数特征是什么,但多数学生也不会轻易地认为 3 的倍数特征可以像 5 的倍数特征那样,看个位就行。从学生的错误回答中,发现学生的主要错因是把"现象"当作"本质",把"规律"当作"特征",而这也情有可原,因为在此之前,学生对"特征"知之甚少。同时,也反映出学生对"2、5 的倍数的特征"的学习只是停留在表面,也就是说,教材或教师没有告知学生新旧知识之间的真正联系,却要求学生能有真正的发现与探究。于学生而言,他们就这样经历了一次不充分的学习。

了解了这些,对我们今后的教学有以下两个启示。

(1)补充有关"特征"意义的教学

什么是倍数的特征?如果具有某个条件的数都能被自然数 a 整除,反过来,能被 a 整除的数都具有这个条件,那么这个条件就叫作能被 a 整除的数的特征。也就是说,一个数能被 a 整除的特征就是这个数能被 a 整除的充要条件。

教学"2、5 的倍数的特征"时,由于 5 的倍数特征比较聚焦,只要求个位上是 0 或 5,对学生来说比较容易发现,因此可以先引导学生发现 5 的倍数特征,再迁移学习 2 的倍数特征,且学生大多不存在困难。于教师而言,需要特别注意的是,要强调"特征"的意义:5 的倍数特征是个位上是 0 或 5,反过来,只要个位上是 0 或 5 的数就一定是 5 的倍数;2 的倍数特征也是如此。如果学生对"特征"的认识是比较清晰的,那么学习 3 的倍数特征时他们会主动思考:3 的倍数的个位上可以是 0~9,反过来,个位上是 0~9 的数是不是 3 的倍数呢?如此,学生才能借助对"特征"的理解,真正实现新旧知识之间的关联。

(2)引导学生理解 2、5 的倍数特征的原理

2、5 的倍数特征的原理是什么?简单来说,任何一个自然数都可以写成"……□×100+□×10+□"的形式,其中 10、100 等数一定是 2、5 的倍数,所以判断一个数是不是 2、5 的倍数,只要看这个数个位上的数字。

关于是否需要学生理解2、5的倍数特征的原理，教师有不同的看法。其中，反对者认为，讲原理拔高了教学要求，小学生不易理解。笔者认为，由于2、5的倍数特征比较显而易见，尤其是5的倍数特征，因此在"2、5的倍数的特征"一课中，教师可适时引导学生（至少是学有余力的学生）思考：为什么2、5的倍数有这样的特征？我们常说教学不仅要让学生知其然，更要使其知其所以然，如果在此处有意回避特征原理的探究，只侧重于得出结论而不重视思维过程的展开，那么只会让学习停留在表层，学生则无法从中获得有益经验，而这些经验在探索3的倍数特征中将发挥积极作用。

当然，教师可以根据自己所教班级学生的思维水平及接受能力确定是否展开原理的教学；若展开，也要以适当的方式加以引导，且不能要求所有学生都理解，避免给学生增加不必要的负担。

第五节 "数的整除"单元序列课设计及典型课例

一、"数的整除"单元序列课设计

设计单元序列课应基于核心素养导向，首先要厘清单元课程内容之间的逻辑关系，实现单元内容的结构化，再围绕核心素养和内容制订可实现、可检测的单元目标和课时目标，然后根据学生的认知规律选择合适的学习路径，设计具体的学习任务群，以落实核心素养。

一般地，单元序列课设计要遵循以下原则：（1）目标导向原则。单元序列课设计要以课程目标和学生需求为导向，明确学习目标，确保单元内容与学习目标相一致。（2）结构清晰原则。单元序列课的内容安排要按照逻辑结构进行组织，由浅入深、由简单到复杂，确保学生对内容的适应性以及内容本身的螺旋性。（3）儿童立场原则。要充分关注学生的认知水平，遵循学生的认知规律，提供与其相适应、相匹配的课程资源和学习任务，激发学生的学习兴趣和主观能动性。（4）单元整体原则。单元序列课设计要注重以单元整体教学的方式设计核心学习任务群，且不同核心任务呈递进式发展。

　　根据"数的整除"单元内容的逻辑结构，我们将本单元序列课分为五种课型，分别是单元起始课、特征探索课、概念深化课、解决问题课和自主整理课。其中，单元起始课对应的内容是因数和倍数，重在揭示因数、倍数概念的同一性。无论是在整除概念下引入因数和倍数，还是在乘除法算式中引入，两者只是途径不同，本质上都是在揭示正整数之间的关系。作为"数的整除"单元的核心概念，因数与倍数概念对奇数、偶数、质数、合数以及数的特征的概念构建都具有衍生性和生长性的作用。

　　特征探索课不仅要求学生熟练掌握 2、3、5 的倍数特征，还要引领学生探究为什么会有这样的特征，使学生知其然且知其所以然。同时，帮助学生建立探索数的特征的一般方法，即"提出猜想—举例验证—解释论证"，让学生迁移运用方法自主探索 4、8、9 等自然数的倍数特征。概念深化课对应的内容是质数和合数，是对因数和倍数，以及 2、3、5 的倍数特征等概念的深化和应用，帮助学生整体建构概念网络图。解决问题课对应运用奇数、偶数的相关性质解决问题，属于概念应用。自主整理课可以是对整个单元的系统整理，也可以在学习了公因数、最大公因数、公倍数、最小公倍数之后安排专题整理课，以帮助学生勾连因数、倍数、质数、合数、奇数、偶数、公因数、最大公因数、公倍数、最小公倍数等概念，形成可视化的知识网络图，让概念和方法更具系统性、结构性、逻辑性。

　　"数的整除"单元五种课型对应的内容、核心素养与所要达成的学习目标如表10-4 所示。

表 10-4　序列课与内容、核心素养、目标匹配表

课型	内容	核心素养	目标
单元起始课	因数与倍数	数感 推理意识 几何直观	目标1：数形结合，理解因数与倍数的概念，发展数感和几何直观 目标2：掌握找一个自然数的因数与倍数的方法，发展推理意识
特征探索课	2、3、5 的倍数特征	数感 推理意识 几何直观 应用意识	目标1：掌握 2、3、5 的倍数特征并能应用特征，发展数感和应用意识 目标2：经历直观圈数等活动，探究 2、3、5 的倍数特征的原理，发展几何直观和推理意识

（续表）

课型	内容	核心素养	目标
概念深化课	质数与合数	数感 推理意识 几何直观	目标1：借助直观，从度量角度理解质数、合数的本源意义，培养数感和几何直观 目标2：掌握判断质数、合数的方法，培养对自然数特征的推理意识，发展审辩思维，渗透分类思想
解决问题课	探索和的"奇偶性"	抽象能力 推理意识 几何直观	目标1：借助直观，探索和的"奇偶性"及其必然性，发展抽象能力和几何直观 目标2：经历"提出猜想—举例验证—解释论证"的思维过程，丰富学生解决问题的策略，培养推理意识
自主整理课	单元整理与复习课	抽象能力 推理意识 应用意识	目标1：梳理本单元全部概念，知道概念之间的联系和区别，建构"数的整除"概念网络图，发展抽象能力、推理意识和应用意识 目标2：培养学生自主整理知识的初步能力

二、典型课例

"因数与倍数"教学设计

设计高阶任务　深度理解概念[①]

——"因数与倍数"教学设计与思考

课前慎思

数论是研究整数性质的一门学问，内容相对抽象，概念比较密集，而且概念与概念之间的关系非常紧密，也很容易混淆。新课标一般把这个内容分成两个阶段来编排：因数与倍数及相关内容为一个单元，而把最大公因数与最小公倍数放在分数意义的单元，与约分和通分相结合。浙教版新思维小学数学教材关于这块

[①] 本课例发表在《小学教学设计》2020年第7、8期，作者吴恢銮。收录本书时有修改。

内容的编写非常有特色，在四年级下册编排了"自然数与整数"单元，比较系统化地研究自然数的一些概念与性质。在学习因数与倍数之前，安排了数的整除，以及能被 2、3、5 整除的数的特征等内容的学习。把因数与倍数的学习建立在数的整除基础上，这是非常符合数论内部发展逻辑的，因为整除是其他概念的上位概念。当教材更加关注知识本身的逻辑结构时，付出的代价可能就是学生要多接受几个关键概念，如整除概念。这个概念很重要，但也非常抽象，特别是诸如"12能被 3 整除，3 能整除 12"的句式，学生很容易混淆。笔者以为，像这样形式化的知识，教学中可以淡化处理。而一旦将其与整除概念建立联系，对学生学习因数与倍数是有帮助的。例如，12 能被 1、2、3、4、6、12 整除，我们就说 12 是 1、2、3、4、6、12 的倍数，1、2、3、4、6、12 是 12 的因数，关系清楚，表达简洁，学生容易接受。

那么，这节课学生的基础在哪里？根据新思维教材的编排，学习因数与倍数时，学生已经有了整除的概念，已经积累了丰富的"因倍意识"，如 3×4 = 12，学生知道 3 和 4 是 12 的因数，但对因数的理解仅停留在它是一个概念名称，而不是作为关系存在；12÷3 = 4，即 12 是 3 的 4 倍，且知道这里的倍数是作为关系存在，但理解还不够深刻。笔者以为，应把以上经验综合起来并加以改造，将因数与倍数纳入整除概念系统中，从而构成学生学习和教师教学的有效路径。

本节课的教学目标设计如下：

1. 经历因数、倍数概念产生的过程，理解因数与倍数的概念，体会一个数的倍数与因数之间的关系；经历找一个数的因数与倍数的过程，掌握求一个数的因数与倍数的方法；经历找一个数最小的因数、最大的因数、最小的倍数的过程，知道一个数最小的因数是 1，最大的因数是它本身，最小的倍数也是它本身。

2. 在寻找一个数的因数与倍数的过程中，发展学生思维的有序性，促进学生数感的发展。

3. 经历完美数的探寻过程，培养对数学的好奇心；经历找一个数的因数与倍数的过程，养成独立思考、合作交流、反思质疑等学习习惯，逐步形成数学素养。

本节课的教学重点为：掌握因数与倍数的概念，以及找一个数的因数与倍数的方法；教学难点为：理解因数、倍数概念中的依存关系，即"谁是谁的因数""谁是谁的倍数"，理解因数与倍数的联系与区别。

教学流程

环节一 巧用模型，建构意义

任务1：出示12个完全相同的小正方形，引导学生在头脑中将它们摆成一个长方形，并试着用乘法与除法算式将相应的摆法有序地表示出来。在此基础上，师生共同建构因数和倍数的意义。

师：12个小正方形只能摆出3种不同的长方形，可以得到相应的乘法算式和除法算式。千万别小看这些算式，今天我们研究的内容就在这里。以 $3 \times 4 = 12$ 为例，因为 $12 = 3 \times 4$，所以我们就说3是12的因数，4也是12的因数，12是3的倍数，12也是4的倍数。这就是我们今天所要研究的因数和倍数。（板书：因数与倍数）

师：请同学们从 $12 = 1 \times 12$ 和 $12 = 2 \times 6$ 中选择一个算式，说一说谁是谁的因数，谁是谁的倍数。

学生通过语言表述，初步理解两个概念，感受其中的依存关系。

师：仔细观察，12能被哪些数整除？

师：12能被1、2、3、4、6、12整除，可以说12是1、2、3、4、6、12的倍数，1、2、3、4、6、12是12的因数。

任务2：从3、5、18、20、36这5个数中任选2个，说一说谁能被谁整除，谁是谁的倍数，谁是谁的因数。

课件反馈：20能被5整除，20是5的倍数，5是20的因数。

师：同学们，若数 a 能被数 b 整除，我们就把 a 叫作 b 的倍数，把 b 叫作 a 的因数。

任务3：讨论5和7是不是12的因数，为什么？

解释1：通过摆小正方形，发现12个小正方形不能拼成5个一行或7个一行的长方形，12不能被5和7整除，所以5和7不是12的因数。

解释 2：借助除法算式，发现不能整除，所以 5 和 7 不是 12 的因数。

【说明】借助拼长方形的数学活动，为学生提供直观的几何模型，为因数与倍数概念的建构找到了经验支撑，有利于学生理解。通过与整除概念建立关联，可以把因数与倍数放入整除这个大概念中去同化求联，以形成完善的概念链。任务 3 通过分析反例，进一步深化对概念外延的理解。

环节二 任务挑战，提升思考

1. 探索找一个数的因数的方法

活动：找出 18 所有的因数。

师：我们已经知道 3 是 18 的因数，除了 3 之外，还有哪些数也是 18 的因数？

出示活动要求：

（1）独立思考：找出 18 所有的因数，再想一想，你是怎样找的？

（2）小组交流：你最喜欢哪幅作品？为什么？

（3）全班汇报。

【说明】这个层次主要让学生自主学会找一个数的因数的方法，学生出现的困难主要是不知道如何有序地找，出现的错误是找不全。

分别呈现三幅作品：第一幅只找了部分因数；第二幅找出了全部因数，但没有有序列举；第三幅不仅找出了全部因数，且有序排列。通过分析三幅作品，让学生掌握可以借助乘法或除法算式一对一地找，然后按从小到大的顺序有序书写。

在这个基础上，出示全班学号表（图 10-13），让学生找一找自己学号所有的因数。

1	2	3	4	5	6	7	8
9	10	11	12	13	14	15	16
17	18	19	20	21	22	23	24
25	26	27	28	29	30	31	32
33	34	35	36	37	38	39	40
41	42	43	44	45	46	47	48

图 10-13

师：哪些学号的因数比较特别？

教师收集 1、3、4、6、9、21、23 这几个学号的因数，并让对应学号的学生说一说自己学号的因数特别在哪里。

预设 1：我的学号是 1 号，1 只有 1 个因数，所以很特别。

预设 2：我的学号是 23 号，只有 2 个因数。（教师可以让学号只有 2 个因数的学生站起来，并提问"你们学号的因数有什么特点"）

预设 3：我的学号是 4 号，因数的个数是奇数个。像这样的学号还有 9、16、25、36。

教师追问"这些数有什么特点"，引导学生发现它们都是一个数的平方。

若有时间，还可以介绍 6 的因数的特别之处：6 的因数中，除了它本身之外，其他几个因数相加刚好是 6，即 $1+2+3=6$，数学家把这样的数称为完美数。6 是自然数中第一个完美数，让学生找出第二个完美数 28，并介绍完美数的发展历程。

接着，借助数轴，以 8、18、24 为例，引导学生观察因数的特点（图 10-14）。

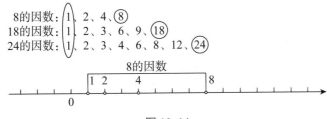

图 10-14

学生发现，因数具有如下特点：一个数最大的因数是它本身，最小的因数是 1，因数的个数是有限的。

【说明】借助全班的学号表，设计找"学号因数"的任务。通过分层次的活动任务，有序地分类反馈一些比较特别的自然数的因数，并让学生自主描述其特点。例如，1 只有 1 个因数，3、23 等数（质数）只有 2 个因数，平方数有奇数个因数。在动态交互活动中，学生容易发现其中的规律。像这样有挑战性、趣味性的高认知水平的任务设计，可以促进学生全面观察、有序思考、分析概括与综合评价等高阶思维的发展。

2. 探索找一个数的倍数的方法

让学生完成以下两个任务：

（1）找出 3 的倍数，说一说你是怎么想的。

（2）试一试，找出 2 与 5 的倍数。

通过观察比较，学生发现：一个数倍数的个数是无限的，最小的倍数是它本身；而一个数因数的个数是有限的。

3. 发现因数与倍数的联系与区别

教师根据板书提问：观察这些数的因数与倍数，你有什么发现？

预设 1：一个数最小的倍数是它本身，没有最大的倍数。

预设 2：一个数倍数的个数是无限的，而一个数因数的个数是有限的。

预设 3：一个数最小的因数是 1，最大的因数是它本身。

……

基于学生的发现，教师以 8 为例，借助数轴梳理一个数因数与倍数个数的特点（图 10-15）。

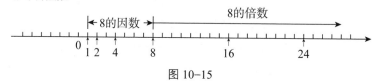

图 10-15

环节三 分层练习，提升能力

1. 基础巩固

（1）填空

① $1 \times 28 = 28$　　　　$2 \times 14 = 28$　　　　$4 \times 7 = 28$

28 的因数有（　　　　　　　　　　　　　）。

② 先写出两个整数相乘得 56 的算式，再写出 56 所有的因数。

_____

56 的因数有（　　　　　　　　　　　　　）。

（2）判断

① 因为 $4 \times 5 = 20$，所以 4 和 5 是因数，20 是倍数。（　　）

② 因为 $0.2 \times 3 = 0.6$，所以 0.2 是 0.6 的因数，0.6 是 0.2 的倍数。（　　）

③ 因为 $a \div 6 = b$（a、b 都是整数），所以 b 是 a 的因数，a 是 b 的倍数。（　　）

④ 18 最大的因数和最小的倍数都是它本身。（　　）

2. 能力提升

根据以下信息，猜一猜豆豆的学号是多少。

信息 1：它有因数 2；

信息 2：它也有因数 3；

信息 3：它还是 5 的倍数。

3. 实践创新

用若干张长 2 厘米、宽 3 厘米的长方形摆正方形。如果摆出的正方形的边长在 15 厘米~20 厘米之间，你能摆出怎样的正方形？请填写下面的表格（表 10-5）。

表 10-5　探究单

正方形的边长 /cm	长可以摆的个数	宽可以摆的个数	一共需要的个数

【说明】根据顾泠沅教授的习题水平层次理论，基于学生的能力差异，设计多层次练习，以满足不同学习能力的学生，促进学生有差异地发展。其中，基础巩固题面向全体学生，突出基础性，帮助学生进一步理解因数、倍数的概念，明晰因数、倍数概念中的依存关系，即"谁是谁的因数""谁是谁的倍数"；能力提升题思维含量较高，突出对多元信息的综合考量，以及对概念的深化理解与应用；实践创新题不需要人人掌握，是对后续知识的孕伏，突出前瞻性与实践性，以及思维的创造性。

"3 的倍数特征"教学设计

深度理解特征 追溯数学原理 ①

—— "3 的倍数特征"教学设计与思考

课前慎思

3 的倍数特征与 2、5 的倍数特征之间的关系紧密又特殊，它们都属于自然数倍数的特征，但探究的难易程度差异很大。2、5 的倍数特征落脚点在个位，而 3 的倍数特征与各个数位的数字相关，前者是局部关系，后者是整体关联，因而后者特征的发现难度比较大。浙教版教材如何处理 3 的倍数特征呢？首先出示两组共 18 个两位数，每组数的个位分别涉及 1 至 9，让学生从中找出 3 的倍数，进而发现个位是 1 到 9 的两位数中都有 3 的倍数。这组材料的用意是要"立" 3 的倍数特征，首先要"破"原来 2、5 的倍数特征只看个位的思维定势。该教材还有一个特色，就是以"数学百花园"形式，让学生通过自主阅读弄清楚 3 的倍数特征的原理，让学生不仅知其然，还要知其所以然。

"凡是教师难教、学生难学的地方，一定是学生原有的思维方式不够用了。"一方面，部分学生会受到 2、5 的倍数特征的负迁移，以为判断一个数是否是 3 的倍数只要看个位；另一方面，实证研究发现，学生的困难还在于不清楚"特征"的含义，他们误把"现象"当作"本质"，把"规律"当作"特征"。如果在 2、5 的倍数特征教学中，能让学生明白什么是"特征"，并尝试理解该特征背后的原理，那么将有利于探索 3 的倍数特征。但即便如此，探索 3 的倍数特征对学生而言依然是困难的。

本节课的教学目标设计如下：

1. 经历直观操作、探索发现、举例验证等思维过程，掌握 3 的倍数特征，并

---

① 本课例发表在《小学数学教师》2020 年第 9 期，作者吴恢銮。收录本书时有修改。

能应用该特征；经历直观圈数等活动，探索 3 的倍数特征的原理。

2. 经历观察分析、归纳特征、探索原理的学习过程，发展抽象思维，提高合情推理能力。

3. 经历积极参与数学活动的过程，培养对数学的好奇心，养成独立思考、合作交流、反思质疑等学习习惯，逐步形成数学素养。

本节课的教学重点是掌握 3 的倍数特征及其应用，难点是探索 3 的倍数特征的原理。

教学流程

环节一 创设口算情境，消除思维定势

出示：21　42　63　84　15　36　57　78　99

　　　　11　32　53　74　95　26　47　68　89

师：上面哪些自然数是 3 的倍数？请女同学口算第一组数，男同学口算第二组数。

学生发现：第一组自然数都是 3 的倍数，而第二组自然数都不是 3 的倍数。

师：判断一个自然数是不是 3 的倍数，是否可以只看个位？请说说理由。

小结：看来，判断一个数是否是 2、5 的倍数只需要看个位，而判断是否是 3 的倍数不能只看个位。那么，到底看哪些数位呢？请同学们大胆猜想一下。

猜想 1：看所有数位上的数字。

猜想 2：把所有数位上的数字都除一遍。

猜想 3：把所有数位上的数字加起来，再除以 3。如果是 3 的倍数，这个自然数就是 3 的倍数。

师：数学需要大胆猜想，也需要小心求证。是不是 3 的倍数，不能只看个位了，同学们主动打开思维，去猜想是不是与所有数位上的数字有关，从局部过渡到整体，这样的猜想很值得肯定。今天这节课，我们就来验证大家的猜想是否正确，一起来探索 3 的倍数特征。（板书课题：3 的倍数特征）

【说明】借助口算情境，帮助一些思维能力比较弱的孩子消除受 2、5 倍数特征的负迁移，同时通过设问，初步形成猜想，激发学生探究 3 的倍数特征的学习内驱力。

环节二 组织多样化学习，探索特征与原理

1. 拨数实验，深化猜想

出示学习活动单：从 3 颗、4 颗、6 颗算珠中任选一组，开展拨数实验。

（1）同桌合作，一人负责拨珠，一人负责判断拨出来的数是不是 3 的倍数，可以借助计算器。

（2）限时 3 分钟，看哪一个小组拨出来的数多。

（3）填写实验报告单（表 10-6）。

表 10-6　实验报告单

颗数	拨出来的数	
	3 的倍数	不是 3 的倍数

反馈发现：选择 3 颗、6 颗的小组拨出来的数都是 3 的倍数，而选择 4 颗的小组拨出来的数都不是 3 的倍数。

师：我们刚才只验证了 3 颗、6 颗和 4 颗，例子还非常有限，下面请大家自行选择不同数量的算珠，看看行不行。

2. 自选算珠，验证猜想

出示学习活动单：

（1）自选 3 的倍数颗算珠拨数。

（2）分工合作，完成实验报告单。

3. 整体思考，建立关联

师：通过刚才的实验，大家发现，凡是算珠数量是 3 的倍数，如 3 颗、6 颗、9 颗、12 颗，拨出来的数都是 3 的倍数。仔细观察，算珠颗数与拨出来的数之间有什么关系？

经过两次数学小实验，这时的发现已经是水到渠成了，但教师还是要学会等待，可以安排小组交流活动，让全体学生都能自主发现其中的关系。

学生会发现，拨出来的数各个数位上的数字加起来就是算珠的颗数，当算珠

颗数是 3 的倍数时,拨出来的数也是 3 的倍数。

4. 脱离算珠,发现规律

师:(出示下面这组数)你能快速看出这些数是用几颗算珠拨出来的吗?用计算器算一算,它们是不是 3 的倍数?

234   320   144   153   111111

学生操作后全班反馈。

师:3 的倍数有什么规律?

总结:一个数各个数位上的数字之和是 3 的倍数,这个数就是 3 的倍数;反过来,如果这个数是 3 的倍数,那么它各个数位上的数字之和一定是 3 的倍数。像这样的规律,我们称为"特征"。

【说明】第一次的算珠拨数实验,深化了猜想,让所有学生都意识到 3 的倍数与算珠颗数有关;第二次的算珠拨数实验,通过不完全归纳,在算珠颗数与各数位上的数字之间建立整体关联,然后脱离算珠发现 3 的倍数特征,学生经历从情境到结构的数学化过程,获得数学抽象思维与素养的发展。

5. 合作探究,追溯原理

师:发现了 3 的倍数特征,你还有什么问题?

在学生提出疑问的基础上,形成新的探索问题。例如,为什么判断一个数是不是 3 的倍数,只要看各数位上数字之和就可以了呢?

出示学习单:探索 36 能被 3 整除的原理(图 10-16)。

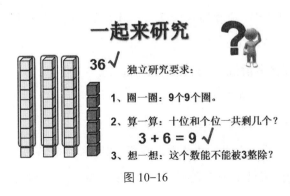

图 10-16

独立探索:从信封里任选一个你喜欢的数,按照上面的方法研究一下。(信封

里有两张卡片,分别写有 66、123)

组织小组交流,全班汇报,引导学生观察发现,66 的十位上圈剩下的就是十位上的数字,个位上圈剩下的就是个位上的数字。

师:123 除了 9 个 9 个圈之外,还可以怎么圈?（展示一位学生"90 + 9"的圈法）这种圈法是什么意思?为什么可以一次圈出 90 个呢?

师:看来,这种圈法的确比 9 个 9 个圈更简便。百位上还有更快的圈法吗?（讨论得到:百位上可以圈 99 的倍数个）

延伸:百位上是 1 时,我们可以一次性圈出 99 个,剩 1 个。想象一下,如果变成一个四位数,千位上是 1,你会几个几个圈?还剩几个?如果千位上是 4,这样圈还剩几个?千位上是 8 呢?

小结:千位上是 1 时,可以一次性圈出 999 个,剩 1 个。千位上是 4,剩 4 个一;千位上是 8,剩 8 个一。

总结:这样的方法不仅在两位数、三位数中成立,在四位数、五位数甚至更多位数中也是成立的。

【说明】每个特征背后都有原理性知识,探索原理性知识需要高认知水平的思维参与,从而促进高阶思维的发展。但遗憾的是,大多数的"特征课"只探究特征,不追溯原理,学生的理解始终徘徊于"是什么"的中低认知水平层次,却错过了一次挑战高认知水平层次的数学任务。数学是需要讲道理的,只要设计合理的数学活动和学习序列,学生是可以完成探究"为什么"的"做数学"任务的。本环节,学生借助直观图形,通过圈数活动,化抽象为直观,化静态为动态,理解了特征与十进位值制的关系。

环节三 设计分层练习,分类达标与提升

1. 判断:下面各数能否被 3 整除?

48   504   3698   3699   AAA

可以渗透"弃 9"判断法,并让学生解释为什么可以"弃 9"。

2. 在下面的□里填上一个数字,使它能被 3 整除,可以怎么填?

（1）4□   （2）2□1

3. 出示 213 和方块图，先判断 213 是不是 3 的倍数，再结合圈图活动阐述这样判断的理由。

【说明】本课的设计主要突出以下三点：通过质疑、拨数、发现、举例、原理探寻等一系列数学思维活动，让学生深度卷入知识的再发现、再创造过程；注重直观操作、几何直观、实验探索等符合学生认知规律的学习活动，有效改进学习方式，让学生积极主动地学习；尊重差异个性，根据水平层次理论设计习题，实施有差异的练习，促进有差异的发展，以满足个性化学习的需求。

"质数与合数"教学设计

借助几何直观　理解概念本质 ①

—— "质数与合数"教学设计与思考

课前慎思

"质数与合数"是"数的整除"单元的核心课之一，上承因数与倍数以及能被2、3、5 整除的数的知识，又是以后学习最大公因数、最小公倍数、分数的约分与通分的重要基础。从数概念建构和发展的角度分析，之前对数作分类时，按照数的形态可以把数分为整数、分数、小数，自然数按照能否被 2 整除分为奇数、偶数。质数与合数是对自然数的一种新的分类，到底新在哪里呢？亚里士多德认为，"1"不仅是最小的自然数，还是自然数的基本单位。溯源质数的本意，质数只能被"1"这个基本单位量尽，合数还能被"1"以外的数量尽。所以，英文中的质数是 prime，是"基本"的意思，即质数从因数分解的角度不可再分；英文中的合数是 composite，是"合成"的意思，表示合数是由多个基本数合成的。小学数学教材对质数与合数一般是这样定义的：一个数如果只能被 1 和它本身整除，这个数就是质数；一个数如果除了 1 和它本身两个因数还有其他因数，这个数就是合

---

① 本课例发表在《小学数学教师》2024 年第 5 期，作者吴恢銮、施娇娥。收录本书时有修改。

数。这个定义,讲究的是对质数与合数的判别,不能很好地凸显质数概念的本源。

小学数学教材是如何呈现质数与合数概念形成过程的呢?人教版教材让学生分别写出 1~20 这些自然数的因数个数,并组织学生进行分类思维活动,然后概括出定义。浙教版新思维教材则先让学生拼小正方形,从"形"的角度观察发现质数的唯一性(只能被"1"量尽),合数个小正方形能组成不同形状的长方形(能被不同的数量尽),再引出质数、合数的概念。从质数概念的本源来看,浙教版新思维教材的编排更加符合"质数由度量单位得到"的本源含义。

那么,以哪种方式构建质数与合数的概念更加符合学生认知呢?从实证角度看,先通过拼小正方形或画点子图,从"形"上对质数与合数进行直接观察,再通过分类,定义质数与合数的概念,87.5% 的学生喜欢通过这样数学实验的方式进行研究,认为这一方式十分直观,易于理解且有意思。从教学效果看,这一方式更能激发学生的好奇心,从本源上理解质数和合数的概念,培养数感、推理意识和几何直观。

基于以上调查和分析,制订本单元的学习目标,具体如下:

1. 从"数"和"形"两个角度理解质数、合数的意义,培养数感和几何直观。

2. 经历基于因数个数对自然数进行分类的过程,掌握判断质数、合数的方法,培养推理意识。

3. 认识自然数的两种分类标准,发展审辩思维,渗透分类思想。

4. 经历数学家发现、研究质数与合数的过程,获得研究数学的成就感、满足感,初步感受数学文化的理性之美。

教学流程

环节一 史料驱动,激发学生探究兴趣

师:自然数是奇妙的,因为它有很多奇妙的特征。古希腊数学家毕达哥拉斯对自然数情有独钟,常常用"形"来研究自然数的特征,获得了很多灵感和成果。今天这节课,我们也采用数形结合的方法来探索除 0 以外的自然数的奥秘。

师:(课件出示 6 个小正方形)用 6 个小正方形可以拼成哪些不同形状的长方形?先想象,再动手试一试。

生：可以拼成 2 种不同形状的长方形，一种是 1×6，一种是 2×3。

教师根据学生的反馈，课件出示 2 种长方形（图 10-17）。

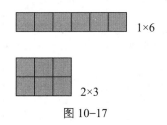

图 10-17

【说明】毕达哥拉斯持有"万物皆数"的观念，他认为数是有体积、有形状的，质数和合数也不例外。他发现，质数用点子图表示时只能排成"一条线"，而合数可以排成不同形状的长方形。利用数形结合的方法研究质数和合数，以"形"的方式凸显"数"的含义，有利于学生直观且深刻地理解概念本质。

环节二 数形结合，探究质数和合数的意义

1. 经历实验操作，感悟质数、合数的图示意义

师：刚才我们研究发现，用 6 个小正方形可以拼出 2 种不同形状的长方形，分别可以用 1×6、2×3 这 2 个乘法算式表征。请大家用这样的方法完成以下任务。

出示任务：拿出以下数量的小正方形，试着拼成长方形。想一想，能拼成几种不同形状的长方形？

$$2 \quad 3 \quad 4 \quad 8 \quad 9 \quad 11 \quad 12$$

（1）拼一拼：把拼成的长方形画在表格（表 10-7）里，并写出乘法算式。

（2）想一想：为什么有的数可以拼成几种不同形状的长方形，而有的数却只有 1 种拼法？

表 10-7 实验记录单

小正方形个数	画出的长方形	乘法算式	有几种不同形状的长方形
2			
3			
4			

（续表）

小正方形个数	画出的长方形	乘法算式	有几种不同形状的长方形
6	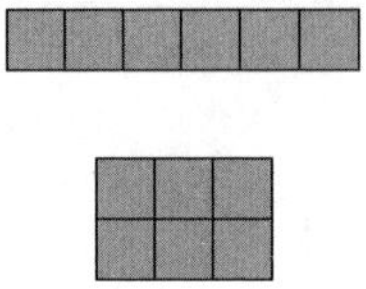	1×6 2×3	
8			
9			
11			
12			

学生独立探索并完成表格，用时约 5 分钟。完成后，请学生汇报研究结果。一位学生的研究结果如图 10–18 所示。

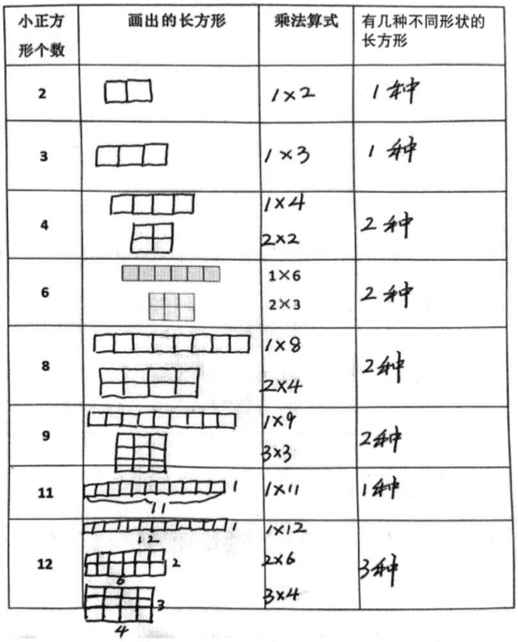

小正方形个数	画出的长方形	乘法算式	有几种不同形状的长方形
2		1×2	1种
3		1×3	1种
4		1×4 2×2	2种
6		1×6 2×3	2种
8		1×8 2×4	2种
9		1×9 3×3	2种
11	1 11	1×11	1种
12	1 12 2 6 3 4	1×12 2×6 3×4	3种

图 10–18

师：有谁跟他不一样的吗？

生：（展示图 10-19 中的 2 个长方形）老师，这样算不算 2 种？

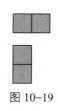

图 10-19

师：大家觉得呢？

生：我认为这是同一种长方形，只是位置不一样，形状是一样的。把第二幅图旋转一下，就能变成第一幅图的样子，它们都可以用 $1×2$ 来表示，所以我认为只能算 1 种。

师：大家认同吗？（认同）请继续观察表格，你有什么发现？

生：当小正方形个数是 2、3、11 时，只能拼成 1 种长方形；当小正方形个数是 4、6、8、9、12 时，可以拼成 2 种或 3 种长方形。

生：像 2、3、11 这样的数，只能拼成 1 种长方形，因为是一条线排开的。

师：你说的"一条线排开"是这样吗？

教师课件演示将长方形抽象成点子图的过程（图 10-20），让学生动态感受质数只能"排成一条线"。

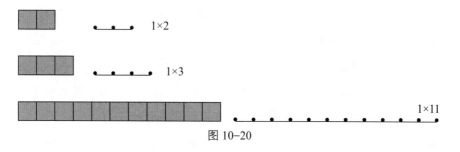

图 10-20

师：你的发现和毕达哥拉斯是一样的，有些自然数只能"排成一条线"，如 2、3、11。

【说明】好的学习任务要贴近学生认知的"最近发展区"和情感的"最佳点燃区"，从而激发学生学习的自主性。本环节通过拼小正方形的数学实验，化抽象为具象，化静态为动态，让学生从"形"的角度直观感受质数、合数的本质区别，这样建立得到的"概念意象"不是抽象的一句话，而是具象的一幅画，同时为"概念意象"的进一步数学化奠定认知基础。

2. 经历数学化过程，建构质数、合数的符号意义

师：为什么 2、3、11 个小正方形只能拼成 1 种长方形，而 4、6、8、9、12 个小正方形可以拼成不同的长方形呢？同桌互相讨论一下。

生：我发现 2、3、11 只能写成 1×2、1×3、1×11，不能再细分了，而 4、6、8、9、12 除了表示成 1 与它本身相乘，都还可以再分解，如 12 可以分解成 2×6、3×4，所以能拼出不同的长方形。

生：我觉得与它们因数的个数有关，2、3、11 都只有 2 个因数，而 4、6、8、9、12 这几个数至少有 3 个因数。

生：我发现 2、3、11 的因数都只有 1 和它本身，而 4、6、8、9、12 除了 1 和它本身 2 个因数之外，还有其他因数。例如，9 除了 1 和 9 这 2 个因数之外，还有因数 3；12 除了 1 和 12 这 2 个因数之外，还有因数 2 和 6、3 和 4。

师：有的同学从能否再分解的角度去思考，有的同学从因数个数的角度去分析，真会用数学的眼光进行观察。你能否把这几个自然数分一分类？说一说你分类的标准是什么。

生：我打算分为两类。第一类是 2、3、11，第二类是 4、6、8、9、12。第一类的标准是只有 2 个因数；第二类的标准是除了 1 和它本身 2 个因数，还有其他因数，也就是至少有 3 个因数。

生：我打算分为三类，第一类是 2、3、11，只有 2 个因数；第二类是 4、9，有 3 个因数；第三类是 6、8、12，它们有 3 个以上的因数。

生：分类不是越多越好，我觉得还是分成两类比较好。我记得数学家就是把自然数分成质数和合数两类的。

师：你的知识很渊博。分类是一门大学问，到底分成几类最合理？是不是除了 0 以外的自然数都可以归为"质数"类或"合数"类？

生：我认为有 1 个数例外，就是自然数 1，它只有 1 个因数。

师：很会找特例！自然数 1 到底归为哪一类呢？

生：我认为 1 应该归为"质数"类，因为 1 可以写成 1×1，只有 1 种长方形。

生：我不同意。虽然 1 能写成 1×1，但它只有 1 个因数，如果把它归为"质数"类，会破坏分类标准的完美性。

生：我认为应该把 1 单独作为一类，这样自然数就一共分为三类——1、质数、合数，三类不多也不少。

生：我也赞成分成三类，我把 1 单独作为一类的理由是，虽然 1 能写成 1×1，但如果用点子图来表示，就只是一个点，而质数是"一条线"，合数是"一个面"。

（全班学生纷纷鼓掌）

师：同学们发自内心的掌声，说明大家对你的分类和理由非常认同，并表示了赞美。不管从"形"的角度还是从"数"（因数个数）的角度，把 0 以外的自然数分成三类是比较合理且完美的。如果用一个集合圈表示这三类数的关系，你会怎么画呢？

生：画一个椭圆，把它分成三部分，分别写上"1""质数""合数"。

教师顺势出示集合圈（图 10-21）。

图 10-21

师：你能用自己的话说一说什么是质数，什么是合数吗？

生：只能拼成 1 种长方形的数是质数，能拼成 2 种或 2 种以上长方形的数是合数。

生：除了 1 和它本身 2 个因数之外，没有其他因数的数是质数；除了 1 和它本身 2 个因数之外，还有其他因数的数是合数。

师：两位同学能根据自己的理解进行概括，非常好。我们把只有 1 和它本身 2 个因数的数叫作质数，像 2、3、5、7、11，它们都是质数；除了 1 和它本身 2 个因数之外，还有其他因数的数叫作合数，像 6、8、9、12、15，它们都是合数。

师：你能再找出几个质数和合数的例子吗？

学生举例，教师要求学生围绕质数和合数的概念说明为什么是质数，为什么是合数，进一步落实概念。

师：老师也举了一个数——7315，它是质数还是合数？

生：应该是合数，它除了 1 和它本身 2 个因数之外，肯定能被 5 整除，也就是还有因数 5，所以它是合数。

师：有道理吗？需要把 7315 所有的因数都找出来吗？

生：不需要，只要再找 1 个因数就可以了。

师：对，只要找到第 3 个因数，就能判断出这个数是合数。

【说明】从几何直观到概念形成，实现了从"形"到"数"的"华丽转身"，即从具象表征上升为抽象概念，是不断数学化的过程。学生经历了操作思维到图示思维再到概念思维的全过程，达成了对质数、合数概念及其关系的深层次理解，感悟了将自然数按照因数个数分为三类的合理性，发展了学生的数感。同时，在根据概念判断一个数是否为质数、合数的过程中，培养了学生依据概念进行推理的意识。

3. 制作质数表，探究找质数的方法

师：判断一下，73 是质数还是合数？（学生反应明显比判断 7315 要慢，部分学生遇到困难）

师：这么小的一个自然数，怎么反而比判断 7315 还要慢呢？

生：我试着分别除以 2、3、5、7，都不能整除，所以 73 应该是质数，但不太确定，还得再试一试。

师：看来，要快速判断 73 是不是质数有点困难。如果我们能把 100 以内所有的质数都找出来，制作成一张质数表，那就方便多了。同桌两人试一试。

教师出示 1~100 的自然数表，并提出任务要求：

（1）想一想：有什么办法可以快速筛掉合数？

（2）说一说：你有什么发现？

1	2	3	4	5	6
7	8	9	10	11	12
13	14	15	16	17	18
19	20	21	22	23	24
25	26	27	28	29	30
31	32	33	34	35	36
37	38	39	40	41	42
43	44	45	46	47	48
49	50	51	52	53	54
55	56	57	58	59	60
61	62	63	64	65	66
67	68	69	70	71	72
73	74	75	76	77	78
79	80	81	82	83	84
85	86	87	88	89	90
91	92	93	94	95	96
97	98	99	100		

学生完成制作后, 组织全班反馈。

生: 我们两人分工, 我负责第一、二、三列, 他负责第四、五、六列。我发现, 第二列除了 2 之外都是合数, 因为它们都含有因数 2。第三列都是 3 的倍数, 除了 3 之外, 也都是合数。第一列比较麻烦, 7、13、19 能直接判断, 是质数; 25 是合数, 因为它含有因数 5; 31、37、43 在乘法口诀里没有这样的结果, 我认为它们除了表示成 1 乘它本身之外, 不能再分解了, 也是质数; 49、55 是合数; 61、67 都不能被 2、3、5、7 整除, 我觉得也是质数; 73 刚才研究过了, 是质数; 85 是 5 的倍数, 肯定是合数; 91 能被 7 整除, 可以分解成 7×13, 所以是合数; 79、97 都不能被 2、3、5、7、11 整除, 我认为它们是质数。

师: 讲得非常有条理。能直接判断的就直接判断, 不能直接判断的就分别除以 2、3、5、7 等这些质数, 采取排除的方法, 特别好。请同桌汇报剩下的三列。

生: 我发现第四列都是大于 2 的偶数, 偶数肯定是 2 的倍数, 所以第四列都是合数。第六列也是同样的道理, 也都是合数。第五列没有什么规律, 我是一个个试过来的, 11、17、23、29 都不是乘法口诀里的结果, 且这几个数比较小, 能直接判断,它们都是质数;35、65、95 都是 5 的倍数,是合数;77 是 7 的倍数,也是合数;判断 41、47、53、59、71、83、89 这几个数花了我很多时间,我分别试着去除以 3、7、11,发现都不是这三个数的倍数,也就是不能再分解,所以我认为它们是质数。

师:为什么不试着去除以 2 和 5 呢?

生:这几个数都是奇数,且末尾不是 0 也不是 5,肯定不是 2 或 5 的倍数,所以可以不考虑。

师:为什么不除以 13 呢?

生:我认为除到 11 就可以了,因为 $11 \times 11 = 121$,已经大于 89 了,没有必要再除以 13 了。

师:说得很好,找得也很全。同学们不仅找出了 100 以内所有的质数,还能开动脑筋,用尽可能简单且有效的方法,如筛除法,快速作出了判断。当不能马上确定一个数是否是质数时,就试着再除以 7、11,筛一筛再决定,非常好。2000 多年前,古希腊数学家埃拉托色尼就创造了这种方法,并一直沿用至今,说明你们和数学家一样有智慧。

师:100 以内的数,只要分别除以 2、3、5、7、11,就能判断哪些是质数,哪些是合数,100 以上的数也可以用这种方法进行筛选。(出示图 10-22)仔细观察这张质数表,你有什么发现?

图 10-22

生：除了 2、3 这两个质数，其他质数都分布在第一列或第五列。

师：质数的分布还真有意思，这是偶然还是必然呢？

生：我觉得是必然的。第二、四、六列的数都是 2 的倍数，第三列的数都是 3 的倍数，除了 2 和 3 之外，它们肯定是合数，所以质数只能分布在第一列和第五列了。

生：我还发现，把第一列的质数除以 6，余数都是 1。

师：大家口算一下，是不是真是这样的？第五列的质数除以 6，余数又是几？

生：肯定是 5，因为是 6 个一行，所以第五列的数除以 6，余数一定是 5。

师：你们发现了质数的一个重要性质，除了质数 2 和 3 之外，其他质数除以 6，余数不是 1 就是 5。（学生情不自禁地感叹数学的神奇）

【说明】制作 100 以内的质数表，其目的显然不在于仅仅得出 25 个质数，而在于让学生在实践活动中有所发现、有所创造。在筛选质数的过程中，学生发现除了质数 2 和 3 之外，其他质数都分布在第一列或第五列。更有学生发现，把第一列的质数除以 6，余数都是 1。教师赞叹于学生的发现，并顺势让学生观察将第五列的质数除以 6 之后，余数是几。学生惊叹于质数的神奇，课堂成为学生发现数学规律的乐园。另外，结合学生筛选质数的活动过程，自然渗透数学家埃拉托色尼创造的"筛法"，不仅渗透了数学文化，还让数学课堂更有趣味。

环节三 作业与数学史料结合，渗透数学文化

作业：把下面的自然数写成两个质数之和。

8 = （ ） + （ ）　　10 = （ ） + （ ）

12 = （ ） + （ ）　　15 = （ ） + （ ）

学生完成作业后，教师以微课的形式播放哥德巴赫猜想和陈景润的事迹。微课展示的数学史料如下：

哥德巴赫是 200 多年前德国的一位数学家，他发现每一个大于 4 的偶数都可以表示成两个奇质数之和，例如，6 = 3 + 3，8 = 3 + 5，10 = 5 + 5，等等。通过举例来检验是完全可信的，但他无法在理论上对此加以证明。

于是，哥德巴赫在 1742 年写信给当时世界上最优秀的大数学家欧拉，请他帮忙解决这个问题。欧拉回信表示：这个问题我虽然不能证明，但我确信它是正确的。同时，欧拉又补充道：任何一个大于 2 的偶数都可以表示成两个质数之和。后来，这两个命题被合称为"哥德巴赫猜想"。

人们通常把数学誉为科学的皇后，而数论（研究整数性质的数学分支）是数学的皇冠。由于哥德巴赫猜想的证明难度实在是太高了，因此人们把这个猜想比喻为"数学皇冠上的明珠"。在摘取"明珠"的过程中，我国数学家做出了重要贡献。1958—1962 年，王元和潘承洞两位数学家的研究取得了重大进展。1966 年，陈景润先生更上一层楼，在哥德巴赫猜想的研究上取得了更加显著的进展，轰动了国内外数学界，且他关于哥德巴赫猜想的许多研究结果是目前国际上最好的。

师：听了这则数学史料，你有什么感想？

生：中国数学家陈景润真厉害。

生：原来，看起来不怎么难的哥德巴赫猜想，证明起来却这么困难，以后我也想试一试。

师：关于质数的故事还有很多，大家如果感兴趣，可以课后搜寻更多的有趣内容。

【说明】本环节通过介绍哥德巴赫猜想，让学生感受到原来看上去那么简单的一个命题，证明起来却那么艰难。同时，介绍王元、潘承洞、陈景润等中国数学家的伟大贡献，让学生感悟数学家坚韧不拔的毅力，弘扬数学家的伟大精神，实现数学教学的育人价值。

后　　记

2012 年伊始，我有幸成为朱乐平老师在崇文实验学校开设的"朱乐平特级教师工作室"中的一员，至今已在朱老师的工作室坚守了十年。多年来，朱老师始终坚持每周一次到崇文实验学校引领我们研究数学问题，"一课研究"为我们的职业生涯带来了无穷的乐趣。

回顾"一课研究"的研究历程，感慨时光飞逝。记得我刚接触"一课研究"时，一头雾水，懵懵懂懂，又十分佩服师兄师姐们能把一节课的内容写成一本书，觉得这是一件不可思议的事。而朱老师则坚定地说："坚持是至高无上的品格，只要持之以恒地投入时间，大家都能成为一节课的专家，乃至一个领域的专家。"朱老师是这样对我们说的，也是这样带领我们做的。在朱老师的精心指导下，我慢慢学会了如何精准有效地查找和阅读文献、研读课标、分析教材，尝试同课异构，学会了如何设计并分析前测、后测，等等。其间，让我印象特别深刻的是设计"一道题"来考查学生的思维水平。我先后设计了 5 稿"一道题"，可还是一次次被朱老师推翻。在与朱老师一次次的研磨中，"一道题"不断得到完善。事后，朱老师说："'一道题'如果设计得不好，是不可能比较精准地测查出学生的思维水平的，因此在'一道题'的设计上，我们一定要慢下来，这里的'慢'是为了以后的'快'。"这句隽永绵长的话至今还印刻在我的脑海里。

朱老师还创设了"一课研究"学术交流与展示平台，把大家的研究成果"亮出来"，互相激励并从中汲取有益经验，也邀请了数学教育领域的著名学者进行指导。正因如此，大家接到汇报任务后从来不敢掉以轻心，而是都铆足了劲全力准备。在准备过程中，朱老师会组织大家进行试讲，他说："一个好的观点或报告就像一个动听的故事，不仅结构要合理，立意要高远，表达也要贴近听众。"一般情况下，至少要修改 5 次，试讲才能获得"通过"。其间，从文本的逻辑结构到文字表达，从课件字体细节到表达语气切换，朱老师都会进行细致指导。可以这样说，每经历一次汇报，都会让我们有脱胎换骨之感，我们既珍惜这样的机会，也"害怕"这样的历程。非常荣幸的是，在朱老师的多次指点下，让我有机会在"一课研究"学术研讨会上作了"'2、5的倍数的特征'教材比较研究""'2的倍数特征'思维水平层次分析"等报告，还执教了"因数与倍数"研究课。这些研究成果也以文章的形式，相继在《小学数学教师》《教学月刊》等杂志发表，多篇文章还被人大复印资料转载。在这里，特别感恩能有机会得到朱老师的指点。俗话说："读万卷书，不如行万里路。"我认为，还要补充一句："行万里路，还要名师指路。"

2014年底，我拜访朱老师，他对我说："研究要形成一个完整的闭环，你对这节课有了一定的认识，是否可以尝试把它写成书稿，最好三年内完成。这样，不仅可以提升你的写作能力，还可以为一线教师作出一点小贡献。"当时，我内心有些小激动，并下定决心好好写书稿。

功夫不负有心人，2017年我完成了这本书的初稿，当时共撰写了6个章节，包括《上位数学知识研究》《课程标准（教学大纲）研究》《教材比较研究》《学生实证研究》《教学设计研究》《准备课与拓展课研究》。正准备将书稿提交出版社时，恰逢我喜得二宝。之后由于忙于照顾二宝和保养身体，书稿的出版工作也就被暂时搁置了。

好事多磨，十年来思考不断，研究不断。我的先生吴恢銮也是一名小数数学教育工作者，他鼓励我把书稿进行完善。于是，我重新研读《义务教育数学课程标准（2022年版）》，根据课标要求对书稿进行删减、补充，并利用现代化设备对课堂教学实录进行数据分析，最终在原有基础上新增了3项研究成果，即说课研究、课堂观察研究、单元序列课设计研究。

在研究过程中，我得到了朱老师细致的指导和真挚的鼓励，得到了先生吴恢銮大力的支持与帮助。《小学数学教师》执行主编蒋徐巍、特邀副主编陈洪杰积极帮助我策划出版事宜；蒋徐巍、王雅凤等编辑给我的文稿提出了很多宝贵的修改建议，并对全书作了细心校订。在此，谨向他们表达我最诚挚的感谢。另外，感谢我的同事朱军老师为本书所提供的案例；我的研究也借鉴、参考了不少同仁的研究成果，一并感谢；感谢崇文实验学校为我搭建名师工作室的进修平台，感谢崇文实验学校数学组同伴们的帮助和鼓励，更要感谢何慧玲校长对我工作的关心和支持。

撰写本书的目的，就是想从课例研究亲历者的视角，阐述一线教师在研究一节课方面的所思所想。也希望通过本书，为大家提供一个课例研究的具体样例。这是我的第一次尝试，一定还有许多疏漏和不当之处，诚挚地希望广大读者提出批评与指正，而我也将继续努力、改进！

施娇娥

2024 年 8 月于杭州